VEGGIE GRILLEN

💜 Mit einem Herz sind alle veganen Rezepte gekennzeichnet. Viele Rezepte kannst du zudem vegan verändern, indem du auf vegane Margarine, Sojajoghurt oder ähnliches zurückgreifst.

ABKÜRZUNGEN

ca. = circa
cm = Zentimeter
El = Esslöffel
FP = Fertigprodukt
g = Gramm
kg = Kilogramm

l = Liter
ml = Milliliter
P. = Päckchen
TK = Tiefkühlprodukt
Tl = Teelöffel

REZEPTNACHWEIS

Guido Gravelius: S. 6, 7, 11, 12, 13, 14, 30, 31, 32, 36, 38, 42, 47, 49, 51, 52, 54, 58, 63, 64, 66, 74, 76, 79, 85, 88, 91, 92, 93, 94, 96, 105, 112, 113, 114, 116, 118, 119, 122; Anna Walz: S. 8, 15 u, 16, 17, 18, 19, 20, 21, 22, 25, 26, 61, 71, 82; Bettina Snowdon: S. 15 o, 10 m; Rafael Pranschke: S. 23; Sabine Durdel-Hoffmann: S. 80; Verlagsarchiv: restliche Rezepte

BILDNACHWEIS

Fotos mit Geschmack: S. 8, 16, 17, 18, 19, 20, 21, 22, 25, 26, 61, 70, 83; Kay Johannsen: S. 6, 7, 11, 12, 13, 14, 30, 31, 33, 37, 39, 43, 46, 48, 51, 53, 55, 59, 62, 65, 67, 75, 77, 78, 84, 89, 90, 92, 93, 95, 97, 104, 112, 113, 115, 116, 118, 119, 123; Rafael Pranschke: S. 23; TLC Fotostudio S. 9, 28, 29, 34, 40, 45, 50, 56, 60, 69, 72, 81, 86, 99, 101, 102, 103, 106, , 108, 109, 110, 111, 117, 120, 121, 124, 125

VEGGIE GRILLEN

♥

ABWECHSLUNGSREICH, BUNT UND EINFACH LECKER

90 REZEPTE, *die allen schmecken*

INHALT

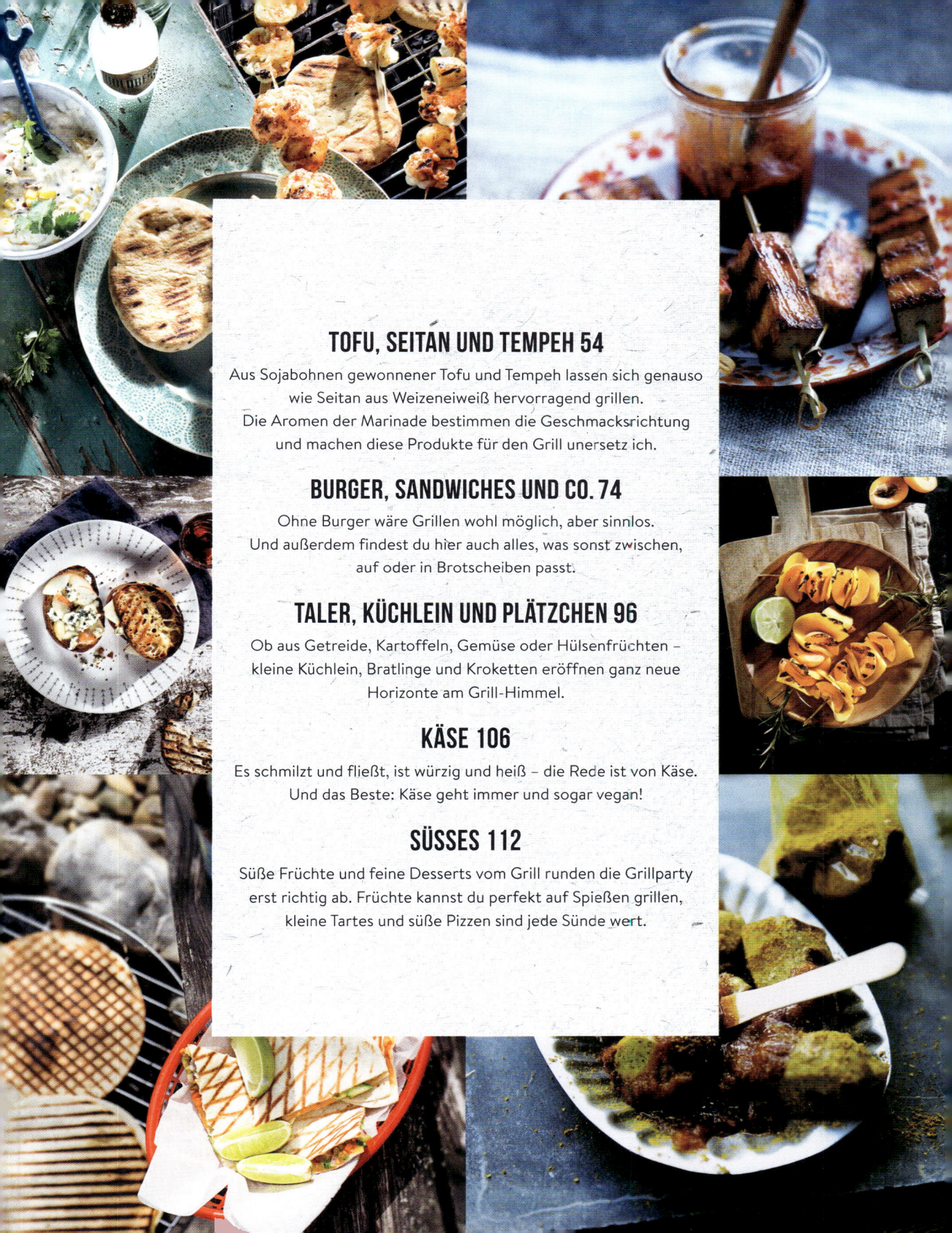

TOFU, SEITAN UND TEMPEH 54

Aus Sojabohnen gewonnener Tofu und Tempeh lassen sich genauso
wie Seitan aus Weizeneiweiß hervorragend grillen.
Die Aromen der Marinade bestimmen die Geschmacksrichtung
und machen diese Produkte für den Grill unersetzich.

BURGER, SANDWICHES UND CO. 74

Ohne Burger wäre Grillen wohl möglich, aber sinnlos.
Und außerdem findest du hier auch alles, was sonst zwischen,
auf oder in Brotscheiben passt.

TALER, KÜCHLEIN UND PLÄTZCHEN 96

Ob aus Getreide, Kartoffeln, Gemüse oder Hülsenfrüchten –
kleine Küchlein, Bratlinge und Kroketten eröffnen ganz neue
Horizonte am Grill-Himmel.

KÄSE 106

Es schmilzt und fließt, ist würzig und heiß – die Rede ist von Käse.
Und das Beste: Käse geht immer und sogar vegan!

SÜSSES 112

Süße Früchte und feine Desserts vom Grill runden die Grillparty
erst richtig ab. Früchte kannst du perfekt auf Spießen grillen,
kleine Tartes und süße Pizzen sind jede Sünde wert.

SESAMMARINADE

FÜR CA. 200 ML

1 El Sesamsaat
150 ml Olivenöl
2 El Honig
2 kleine reife Zitronen
1 kleiner Bund Basilikum
10 Minzblätter
Salz
Pfeffer

Die Sesamsaat in einer Pfanne ohne Fett gold-braun anrösten. Dann mit Olivenöl, Honig und Zitronen in ein hohes Gefäß geben.

Basilikum waschen, trocken schütteln und die Blätter abzupfen. Zusammen mit den Minzblättern dazugeben und alles mit dem Stabmixer fein pürieren. Die Marinade mit Salz und Pfeffer würzen.

Die Marinade eignet sich besonders gut für dünne, gegrillte Zucchini oder Auberginenscheiben.

PONZU

FÜR 200 ML

60 ml süßer Reiswein (Mirin)
2 El brauner Zucker
100 ml Sojasauce
50 ml frisch gepresster Orangensaft
50 ml frisch gepresster Limettensaft
abgeriebene Schale von 1 unbehandelten Limette

Den Reiswein aufkochen und den braunen Zucker darin auflösen. Die übrigen Zutaten zugeben und alles miteinander verrühren.

In ein Schraubglas füllen und bis zur Verwendung kühl stellen.

Ponzu eignet sich als Marinade oder Dip z.B. für Tofu oder asiatisches Grillgemüse.

CHIMICHURRI

Petersilie waschen und trocken tupfen. Blätter von den Stielen zupfen und fein hacken. Die Hälfte der Limettenschale fein abreiben und den Saft der Limette auspressen. Schalotten und Knoblauchzehen schälen. Die Schalotte sehr fein würfeln. Den Knoblauch sehr fein hacken. Den Stiel der Chilis entfernen und die Schoten fein hacken. Die Pfefferkörner im Mörser fein mahlen.

Fleur de Sel, Petersilie, Knoblauch, Chilis, Limettensaft sowie -schale zugeben und alles zu einer dickflüssigen Masse zerkleinern.

Olivenöl, Schalottenwürfel, Thymian und Oregano zugeben und alles miteinander verrühren.

FÜR CA. 250 ML

2 Bund glatte Petersilie
1 unbehandelte Limette
2 kleine Schalotten
2 Knoblauchzehen
1 kleine rote Chilischote
1 kleine grüne Chilischote
8 schwarze Pfefferkörner
½ Tl Fleur de Sel
3 El Olivenöl
½ Tl getrockneter Thymian
½ Tl getrockneter Oregano

FÜR 4–6 PORTIONEN

240 g Sesamsaat
30 g Ingwer
4 Knoblauchzehen
½–1 rote Chilischote
2 El Sesamöl
250 g Ketjap Manis
4 El Sojasauce
4 El frisch gepresster Orangensaft

HOISIN-MARINADE

Sesam in einer Pfanne ohne Fett unter Rühren rösten, bis er anfängt zu duften. Sofort auf einem Teller abkühlen lassen. Ingwer schälen und grob würfeln. Knoblauch schälen und mit dem Messerrücken andrücken. Chilischote waschen, entkernen und grob schneiden.

Alle Zutaten in einem Topf aufkochen, den Herd ausschalten und die Mischung abgedeckt 10 Minuten auf der warmen Herdplatte ziehen lassen.

Anschließend mit einem Pürierstab fein mixen, in ein Glas füllen und kalt stellen. Mit der Marinade kann Tofu und jegliches Gemüse nach dem Grillen dünn glasiert werden.

Mit 2 El Erdnussbutter bekommt die Sesam-Marinade noch einen Extra-Kick.

JOGHURT-MARINADE

FÜR 4 PORTIONEN

200 g Naturjoghurt
3 Knoblauchzehen
Salz
1 Tl gemahlener Cayennepfeffer
½ Tl Zimt
1 El frisch gehackte Korianderblätter

Naturjoghurt in eine Schüssel geben. Knoblauchzehen schälen, dazupressen und unterrühren.
Mit Salz und Cayennepfeffer abschmecken. Zimt
und Koriander unterrühren.

Das Grillgut mit der Marinade von allen Seiten
bestreichen und abgedeckt über Nacht in den
Kühlschrank stellen. Während des Grillens nach
Belieben immer wieder mit etwas Marinade
bestreichen.

*Wer es schärfer mag, kann 1 Teelöffel Garam
Masala oder fein gehackte, rote Chilischoten
untermengen. Die Marinade eignet sich besonders
für Hähnchen, Pute und Lamm und sorgt dafür,
dass das Grillgut schön saftig bleibt.*

LIMETTEN-INGWER- ♥ MARINADE

FÜR 4 PORTIONEN

2–3 Knoblauchzehen
3 cm Ingwer
Saft und Schale von 2 unbehandelten Limetten
10 El Olivenöl
2 El Sojasauce
grob gemahlener, bunter Pfeffer

Knoblauchzehen schälen und durch eine Presse
in eine Schale drücken. Ingwer schälen und fein
dazureiben. Mit Limettensaft, Limettenschale,
Olivenöl, Sojasauce und etwas Pfeffer verrühren.

Das Grillgut darin mindestens 2 Stunden marinieren. Das Grillgut während des Grillens nach
Belieben immer wieder mit etwas Marinade
bestreichen.

Die fruchtig-scharfe Marinade ist für Süßkartoffeln perfekt.

MAYONNAISE

FÜR 4 PORTIONEN

1 Eigelb
1 El Zitronensaft
1 El Senf
1 Prise Salz
1 Prise Pfeffer
1 Prise Zucker
125 ml neutrales Öl
weitere Zutaten nach Belieben

Alle Zutaten, bis auf das Öl, in einer Schüssel verrühren. Das Öl zunächst tropfenweise, dann in feinem Strahl zugeben und dabei ständig rühren, bis die Mayonnaise eine gleichmäßige, fein-cremige Konsistenz hat.

Diese Basis-Mayonnaise kannst du nach Gericht und Belieben mit Gewürzen, gehackten Kräutern, gemahlenen Kräutern, Ketchup, gehacktem Ei, Zitronenabrieb und -saft und vielem mehr variieren.

KNOBLAUCH-BASILIKUM-MAYO

FÜR 6–8 PORTIONEN

3–4 Knoblauchzehen
3 El Olivenöl
½ Bund Basilikum
200 g Mayonnaise (FP oder Rezept diese Seite oben bzw. unten)
½ Tl frisch gepresster Zitronensaft
Salz
Pfeffer

Die Knoblauchzehen schälen und durch die Presse drücken. Das Öl in einer Pfanne erhitzen und den Knoblauch darin bei mittlerer Hitze hellbraun anbraten. Nicht zu dunkel werden lassen, er wird sonst bitter.

Die Basilikumblätter von den Stängeln zupfen, waschen, trocken schütteln und in feine Streifen schneiden.

Die Mayonnaise in einer Schüssel mit Knoblauch und dem restlichen Öl aus der Pfanne, Basilikum und Zitronensaft mischen. Mit Salz und Pfeffer abschmecken und servieren.

Hält sich im Kühlschrank etwa 1 Woche.

VEGANE MAYONNAISE

FÜR 4 PORTIONEN

50 ml kalte Sojamilch
100 ml Pflanzenöl
1 Tl Zitronensaft
1 Tl Senf
1 Prise Zucker
1 Prise Salz

Alle Zutaten in einen hohen Becher füllen, den Pürierstab im Becher langsam von unten nach oben ziehen. So lange wiederholen, bis eine cremige Mayonnaise entstanden ist. In ein Glas füllen und kalt stellen. Mit Kräutern kann man sich die Mayonnaise schnell verfeinern.

LIMETTEN-CHILI-MAYONNAISE

Knoblauchzehen schälen und sehr fein hacken. Öl und Knoblauch in einen hohen Mixbecher geben. Die restlichen Zutaten hinzugeben. Alles kräftig mit dem Mixstab verquirlen, bis eine Mayonnaise von cremiger Konsistenz entsteht.

FÜR 6 PORTIONEN

2 Knoblauchzehen
250 ml Öl
1 sehr frisches Ei
2 Tl Senf
abgeriebene Schale und Saft
   von ½ unbehandelten Limette
½ El Chiliflocken
Salz
Pfeffer

OLIVENSALSA

FÜR CA. 400 G

4 Tomaten
1 grüne Paprika
1 gelbe Paprika
1 grüne Chilischote
1 rote Zwiebel
3 El Olivenöl
30 g schwarze Oliven
30 g grüne Oliven
Zucker
Salz
Pfeffer
2 El heller Balsamicoessig
1 El fein gehackte Petersilie
1 El fein geschnittener Basilikum

Den Backofen auf 180 °C vorheizen. Tomaten für 8 Sekunden in kochendes Wasser geben und dann sofort in kaltem Wasser abschrecken. Die Tomatenhaut mit einem kleinen Messer abziehen. Tomaten vierteln, entkernen, in kleine Würfel schneiden und in eine Schüssel geben.

Paprika auf ein Backblech legen und etwa 20 Minuten im vorgeheizten Ofen backen. Die Haut der Paprikas soll Blasen werfen und schwarz werden. Aus dem Ofen nehmen und mit einem Küchentuch bedeckt auskühlen lassen.

Chili der Länge nach halbieren, Stiel und Kerne entfernen. Die Schotenhälften fein würfeln oder hacken. Die Zwiebel schälen, halbieren und in feine Würfel schneiden. 1 El Olivenöl in einer Pfanne erhitzen und die Chili- und Zwiebelwürfel darin andünsten. Die angedünsteten Würfel mit dem übrigen Olivenöl zu den Tomaten geben.

Von der Paprika Haut, Stiele und Kerne entfernen. Das Fruchtfleisch in kleine Würfel schneiden. Die Oliven entsteinen und grob hacken. Paprika und Oliven ebenfalls zu den Tomaten geben. Alles miteinander vermengen und mit etwas Zucker, Salz und Pfeffer sowie dem Essig würzen. Vor dem Servieren die Kräuter untermengen.

200 g Rahmjoghurt
100 g Magerquark
100 g Schafskäse
1 El Olivenöl
1 El frisch gepresster Zitronensaft
3 Frühlingszwiebeln
1 Tl Sesamsaat
1 El fein gehackte Minze
½ Tl Kreuzkümmel
1 Tl Chiliflocken

ORIENTALISCHE JOGHURT-CREME

Rahmjoghurt mit dem Magerquark in eine Schüssel geben und miteinander verrühren. Schafskäse fein zerbröseln und untermengen. Olivenöl und Zitronensaft unterrühren.

Frühlingszwiebeln putzen und in dünne Ringe schneiden. Sesamsaat in einer Pfanne ohne Fett goldbraun anrösten.

Gehackte Minze, Frühlingszwiebelringe und die geröstete Sesamsaat zum Dip geben und alles miteinander verrühren. Mit Kreuzkümmel und Chiliflocken würzen.

FÜR 6–8 PORTIONEN

200 g Kichererbsen aus dem Glas,
   abgetropft
3 Artischockenböden aus
   dem Glas, abgetropft
2 Knoblauchzehen
2 El Olivenöl
100 g Sauerrahm
60 g Joghurt
2 El Tahin (Sesampaste)
½ Tl Harissa (Chilipaste)
1 Tl frisch gepresster Zitronensaft
2 El fein gehackte Petersilie
Salz
Pfeffer

ARTISCHOCKEN-KICHERERBSEN-DIP

Kichererbsen und Artischockenböden grob hacken und in ein hohes Gefäß geben. Knoblauch schälen und fein hacken. Olivenöl in einer Pfanne erhitzen und den Knoblauch darin andünsten. Zusammen mit Sauerrahm und Joghurt zu den Kichererbsen und Artischockenböden in das Gefäß geben und alles mit dem Stabmixer fein pürieren.

Tahin, Harissa, Zitronensaft und Petersilie unterrühren. Mit Salz und etwas Pfeffer abschmecken.

Hummus aus getrockneten Kichererbsen
150 g getrocknete Kichererbsen in ausreichend Wasser über Nacht einweichen. Dann abgießen, mit 2 L frischem Wasser in einen Topf geben, zum Kochen bringen, die Hitzezufuhr stark reduzieren und die Kichererbsen etwa 2 Stunden garen, bis sie aufplatzen. Bei Bedarf heißes Wasser nachgießen. Die Hülsen der Kichererbsen abschöpfen. Die Kichererbsen dann abgießen und wie die Hülsenfrüchte aus der Dose verwenden.

JOGHURT-HUMMUS

FÜR 6–8 PORTIONEN

240 g gekochte Kichererbsen
    (Glas oder Tipp S. 14)
2 Knoblauchzehen
150 g Tahin (Sesampaste)
2–3 El frisch gepresster
    Limettensaft
200 g Joghurt
Salz
Pfeffer
1 Tl Sesam

Die Kichererbsen abspülen und abtropfen lassen. Den Knoblauch schälen und durch die Presse drücken. Kichererbsen, Knoblauch, Tahin, Limettensaft und Joghurt miteinander pürieren. Mit Salz und Pfeffer abschmecken. Hummus mit Sesam bestreuen und servieren.

Vegane Alternative
Ohne Joghurt ist das Hummus vegan, ggf. etwas Wasser unter-mixen, damit das Hummus schön cremig wird.

MÖHREN-HUMMUS

FÜR 6–8 PORTIONEN

6 Möhren (ca. 400 g)
½ Joghurt-Hummus (s. oben)
2 El Olivenöl
Salz
Pfeffer
Cayennepfeffer
1 El Sesam
1 Stängel glatte Petersilie

Die Möhren schälen, putzen und in Scheiben schneiden. In ganz wenig leicht gesalzenem Wasser bei milder Hitze im geschlosse-nen Topf etwa 20 Minuten garen. Die Möhrenscheiben in einen Mixer geben. Hummus dazugeben und alles cremig mixen. Mit Salz, Pfeffer und Cayennepfeffer abschmecken.

Sesam in einer Pfanne ohne Fett goldgelb rösten. Die Petersilie waschen, trocken tupfen und die Blätter fein hacken. Hummus mit Sesam und Petersilie bestreut servieren.

KÜRBIS-HUMMUS

FÜR 6–8 PORTIONEN

200 g Butternut-Kürbis
3 El Olivenöl
1 Tl Koriandersaat
½ Tl Kreuzkümmel
½ Joghurt-Hummus (s. oben)
Salz
Pfeffer
Zitronensaft zum Abschmecken
Olivenöl zum Anrichten

Den Kürbis entkernen, schälen und klein würfeln. Kürbiswürfel im Olivenöl anbraten, etwas Wasser angießen und den Kürbis 5–8 Minuten weich dünsten, bis das Wasser verdunstet ist.

Koriandersaat und Kreuzkümmel kurz in der Pfanne anrösten, bis sie duften, und im Mörser fein zermahlen.

Kürbis zum Hummus geben und fein pürieren. Mit Koriander, Kreuzkümmel, Salz, Pfeffer und Zitronensaft abschmecken. Hummus in eine Schüssel füllen und mit etwas Olivenöl beträu-felt servieren.

500 g Spitzkohl
500 g bunte Möhren
    (rot, gelb, orange)
1 Tl Salz
1 El Rohrohrzucker
½–1 unbehandelte Zitrone
3 Rosmarinzweige
200 g Sojajoghurt
Salz
Pfeffer

BUNTER MÖHREN-KRAUT-SALAT MIT ZITRONEN-JOGHURT-SAUCE

Vom Spitzkohl die äußeren Blätter entfernen, dann vierteln, den Strunk entfernen und den Kohl fein reiben oder schneiden. Möhren putzen und ebenfalls fein reiben. Kohl und Möhren in einer Schüssel mit Salz und Zucker mischen und mit den Händen kräftig durchkneten. Dabei brechen die Zellstrukturen des Kohls auf, er wird weich und leichter verdaulich.

Für die Sauce die Zitrone heiß waschen, trocknen und nach Geschmack die Hälfte bzw. die ganze Schale fein abreiben. Saft auspressen. Rosmarin waschen, trocknen, die Nadeln abzupfen und fein schneiden. Alle Zutaten für die Sauce mischen und kräftig mit Salz und Pfeffer abschmecken. Sauce und Salat mischen und 1 Stunde ziehen lassen.

CURRY-BULGUR-SALAT MIT GETROCKNETEN KIRSCHEN UND PISTAZIEN

Gemüsebrühe mit Currypulver und Tomatenmark aufkochen. Zwiebel schälen und in einem Topf im Öl glasig dünsten. Bulgur zugeben, die Gemüsebrühe angießen und aufkochen. Topf abdecken, vom Herd nehmen und den Bulgur nach Packungsanweisung gar ziehen lassen.

In der Zwischenzeit Kirschen grob hacken. Gurke waschen, streifig schälen, halbieren und in Scheiben schneiden. Paprika ebenfalls waschen, entkernen und in feine Würfel schneiden.

Pistazien grob hacken. Minze waschen, trocknen, die Blättchen abzupfen und grob schneiden. Bulgur mit den vorbereiteten Zutaten mischen, mit Zitronensaft, Salz und Pfeffer kräftig würzen.

FÜR 4 PORTIONEN

ca. 300 ml Gemüsebrühe
2 Tl scharfes Currypulver
1 El Tomatenmark
80 g Zwiebel
2 El Olivenöl
150 g Bulgur
70 g getrocknete Kirschen
½ Gurke (ca. 250 g)
1 gelbe Paprika (ca. 130 g)
60 g Pistazien
3 Minzstängel
Saft von ½ Zitrone
Salz
Pfeffer

QUINOASALAT MIT CREMIGEM HIMBEER-DRESSING

FÜR 4 PORTIONEN

200 g bunter Quinoa
1 Avocado
250 g Himbeeren
1 rote Zwiebel
50 g Sonnenblumenkerne
200 g Seidentofu
Saft von 1 Orange
Salz
Pfeffer

Quinoa in einem Sieb waschen und nach Packungsanweisung bissfest garen. Anschließend abgießen und abkühlen lassen.

Avocado halbieren, den Stein entfernen, das Fruchtfleisch aus der Schale lösen und grob würfeln. Himbeeren verlesen. Zwiebel schälen, halbieren und in dünne Scheiben schneiden. Sonnenblumenkerne in einer Pfanne ohne Fett unter Rühren rösten, bis sie anfangen zu duften, und sofort auf einem flachen Teller abkühlen lassen.

Für das Dressing Seidentofu grob würfeln und mit dem Orangensaft sowie der Hälfte der Himbeeren in einem hohen Gefäß mit einem Pürierstab cremig mixen. Mit Salz und Pfeffer kräftig würzen. Quinoa, Avocado, Zwiebeln und die restlichen Himbeeren mit dem Dressing vermengen und den Salat mit den Sonnenbumenkernen bestreut anrichten.

WILDKRÄUTERSALAT MIT BLÜTEN UND WALNUSS-SCHALOTTEN-DRESSING

Schalotten schälen und fein würfeln. Walnüsse grob hacken und in einer Pfanne ohne Fett unter Rühren rösten, bis sie anfangen zu duften. Sofort auf einem Teller abkühlen lassen. Alle Zutaten für das Dressing gut vermengen, mit Salz und Pfeffer abschmecken.

Wildkräuter und Eichblattsalat waschen und trocken schleudern, ggf. in mundgerechte Stücke zupfen.

Kresse mit einer Schere vom Beet schneiden. Sprossen waschen und trocken tupfen. Alle Zutaten für den Salat mit dem Dressing vermengen und mit den Blüten garniert servieren.

FÜR 6 PORTIONEN

FÜR DAS DRESSING

2 Schalotten
100 g Walnüsse
Saft von 1 Zitrone
6 El Hanföl (alternativ
   neutrales Pflanzenöl)
3 El Walnussöl
1–2 Tl süßer Senf
Salz
Pfeffer

FÜR DEN SALAT

200 g gemischte Wildkräuter
   (z. B. Löwenzahn,
   Brunnenkresse,
   Gänseblümchen,
   Kapuzinerkresse, Sauerampfer)
½ Eichblattsalat
1 Schälchen Kresse
80 g Sprossen (z. B. Erbsen-
   oder Rucolasprossen)
16 essbare Blüten (z. B. Borretsch,
   Kapuzinerkresse, Ringelblume,
   Malve)

FÜR 4 GLÄSER

1 unbehandelte Limette
200 g Blaubeeren
20 g Rohrohrzucker
4–8 El Crushed Ice
600 ml Ginger Ale

BLAUBEER-COOLER

Limette heiß waschen, vierteln und jedes Viertel nochmals in drei Stücke schneiden. Blaubeeren waschen.

Limetten, Blaubeeren und Zucker auf die Gläser verteilen. Mit einem Stößel oder dem Stiel eines Kochlöffels alles kräftig andrücken. Crushed Ice in jedes Glas füllen und mit dem Ginger Ale auffüllen.

ROTWEIN-KIRSCH-SANGRIA

Zitrusfrüchte heiß waschen und in Stücke schneiden. Kirschsaft und Rotwein in einem großen Gefäß mischen und die Zitrusfrüchte dazugeben. Abgedeckt 2 Stunden ziehen lassen. Die Sangria muss dabei nicht gekühlt werden.

Vor dem Servieren die Wassermelone schälen, in große Stücke schneiden und in die Sangria geben. Sangria auf Gläser verteilen, dabei auch Zitrusfrüchte und Wassermelone mit ins Glas geben. Mit einer Gabel oder einem Picker servieren.

FÜR 1,3 L

½ unbehandelte Zitrone
½ unbehandelte Orange
600 ml Kirschsaft
1 Flasche (750 ml) trockener
   Rotwein
800 g Wassermelone

PINKE GRAPEFRUIT-LIMO

Grapefruits und eine Zitrone auspressen und mit Ahornsirup süßen. Thymian waschen und zu dem Saft geben. Kalt stellen und mindestens 6 Stunden ziehen lassen.

Thymian entfernen und den Saft mit Wasser aufgießen. Erneut kühl stellen. Vor dem Trinken die zweite Zitrone heiß waschen und in Scheiben schneiden. In jedes Glas eine Zitronenscheibe eben und mit der kalten Limonade aufgießen.

FÜR CA. 1 L

4 pinke Grapefruits (ca. 1 kg)
2 unbehandelte Zitronen
2–4 El Ahornsirup
4 Thymianzweige
400 ml Mineralwasser mit
   Kohlensäure

FÜR CA. 1,5 L

500 ml Rhabarbersaft
250 ml trockener Weißwein
250 ml Prosecco
500 g Erdbeeren
4 frische Minzzweige
Crushed Ice zum Servieren

RHABARBER-BOWLE MIT ERDBEEREN UND MINZE

Den Rhabarbersaft zusammen mit dem Weißwein und dem Prosecco in ein Bowlegefäß gießen und alles verrühren.

Die Erdbeeren über einem Sieb waschen, das Grün am Stielansatz abschneiden und die Erdbeeren halbieren. Die Minzzweige waschen, trocken schütteln und die Blätter abzupfen.
Die Erdbeerhälften mit den Minzblättern in die Bowle geben.

Zum Servieren die Bowle mit etwas Crushed Ice auffüllen.

DREIERLEI CROSTINI MIT ERBSEN, WASSERMELONE UND HUMMUS

FÜR DIE ERBSENCREME

240 g TK-Erbsen
2 Minzstängel
1 dünne Frühlingszwiebel
Saft von ½ Zitrone
4 El Olivenöl
Salz, Pfeffer

FÜR DIE WASSERMELONE

300 g Wassermelone
160 g Kirschtomaten
40 g rote Zwiebel
4 Basilikumstängel
2 Oreganostängel
4 El Olivenöl
2 El Balsamicoessig
Salz, Pfeffer
Rohrohrzucker

FÜR DAS HUMMUS

180 g Aubergine
240 g Hummus (s. S. 15 oder FP)
8 schöne Korianderblätter zum
    Garnieren

AUSSERDEM

2 große Baguettes, geschnitten
Olivenöl zum Bestreichen

Erbsen in reichlich kochendem Salzwasser 4–5 Minuten kochen, abgießen und in kaltem Wasser abschrecken. Minze waschen und die Blättchen abzupfen. Frühlingszwiebel waschen, die äußeren Blätter entfernen und das Hellgrüne der Zwiebel grob in Ringe schneiden. Alle Zutaten für die Erbsencreme mit einem Pürierstab fein mixen, mit Salz und Pfeffer abschmecken und kühl stellen.

Wassermelone von der Schale schneiden und fein würfeln. Tomaten waschen, den Stielansatz herausschneiden und achteln. Zwiebel schälen und ebenfalls fein würfeln. Basilikum und Oregano waschen, trocknen, die Blättchen abzupfen und fein schneiden. Alle Zutaten mischen und mit Salz, Pfeffer und Zucker würzen.

Aubergine waschen, trocknen und in vier ca. 1 cm dicke Scheiben schneiden. Diese nochmals halbieren.

Brotscheiben dünn mit Öl bestreichen und auf dem heißen Grillrost 1–2 Minuten knusprig rösten. Auberginenscheiben ebenfalls mit Öl bestreichen und 1 Minute pro Seite auf dem Rost grillen. Mit Salz und Pfeffer würzen. Zum Servieren acht Brotscheiben mit Hummus bestreichen, je eine Scheibe Aubergine darauflegen, mit einem Korianderblatt garnieren. Jetzt acht Brotscheiben mit dem Wassermelonensalat belegen, überschüssige Flüssigkeit vorher abgießen und die Crostini mit Basilikumblättern garnieren. Die restlichen acht Scheiben mit der Erbsencreme bestreichen und mit den Minzblättern garnieren. Am besten sofort genießen.

GEGRILLTES KRÄUTER-TOMATEN-BAGUETTE

Tomaten aus dem Öl nehmen, etwas abtupfen und sehr fein schneiden. Pfefferkörner in einem Mörser zerstoßen. Zitrone heiß waschen, trocknen und 1 Tl Schale fein abreiben.

Knoblauchzehe schälen und sehr fein würfeln. Etwas Salz zum Knoblauch geben und mit dem Messerrücken zu einer feinen Paste zerreiben. Basilikum waschen, trocknen, die Blättchen abzupfen und fein schneiden. Mit einer Gabel alles mit der Pflanzenmargarine gut vermischen.

Kurz vor dem Grillen das Baguette in Abständen von ca. 2 cm etwa bis zur Hälfte einschneiden. Die Margarine in die Schnittstellen füllen und das Baguette mit der verschlossenen Unterseite auf den Grillrost legen. In 4–6 Minuten knusprig grillen.

Vegetarische Alternative
Statt der veganen Margarine 150 g Butter verwenden.

FÜR 1 BAGUETTE

50 g getrocknete Tomaten in Öl
10 g Pfefferkörner
1 unbehandelte Zitrone
1 kleine Knoblauchzehe
Salz
3 Basilikumstängel
150 g vegane Margarine
1 Baguette

FÜR 4 PORTIONEN

1 P. Trockenhefe
½ TI Zucker
100 g grüne Oliven ohne Stein
1 TI Salz
400 g Mehl
2 El Olivenöl
4 Rosmarinzweige
1 El grobes Meersalz

AUSSERDEM

Olivenöl für das Blech

OLIVEN-ROSMARIN-FOCACCIA

Die Trockenhefe mit dem Zucker in 250 ml lauwarmem Wasser auflösen. Die Oliven hacken. Aufgelöste Hefe, Oliven und Salz mit dem Mehl gut verkneten – der Teig darf noch etwas feucht sein. Abgedeckt an einem warmen Ort mindestens 40 Minuten gehen lassen, bis er sein Volumen verdoppelt hat. Aus dem Teig einen Fladen formen und diesen auf ein geöltes Pizzablech legen. Rosmarinnadeln abzupfen, waschen, trocknen und hacken. Den Fladen mit den Nadeln und dem Meersalz bestreuen. Im geschlossenen Kugelgrill 5–10 Minuten backen, dann wenden und noch einmal 5–10 Minuten backen. Aus dem Grill nehmen, wieder wenden und mit dem Olivenöl beträufeln.

SALBEIBROT
MIT KNOBLAUCH-DIP

Für den Dip Quark und Crème fraîche verrühren. Die Knoblauchzehen schälen und durch eine Knoblauchpresse dazudrücken.
Mit Salz und Pfeffer abschmecken.

Die Tomaten waschen, trocknen und die Stielansätze herausschneiden. Tomaten in kleine Würfel schneiden. Schnittlauch
waschen, trocken schütteln und in Röllchen schneiden. Tomaten
und Schnittlauch unter den Dip rühren.

Für das Brot das Mehl in eine große Rührschüssel sieben. Grieß,
Salz und gehackten Salbei dazugeben. 150 ml warmes Wasser
dazugießen und die Zutaten zu einem Teig verarbeiten. Den Teig
aus der Schüssel nehmen und auf einer mit Mehl bestäubten
Arbeitsfläche 2 Minuten lang kneten. Klebt der Teig, ein wenig
mehr Mehl unterkneten.

Den Teig achteln und bis zur weiteren Verarbeitung mit einem
feuchten Küchenhandtuch abdecken. Ein Teigstück nehmen und
auf bemehlter Arbeitsfläche zu einem dünnen Kreis ausrollen.
Mit dem restlichen Teig so fortfahren.

Die Teigfladen auf den heißen Grillrost legen und 2 Minuten
von jeder Seite direkt grillen, bis die Oberfläche Blasen wirft.
Das warme Brot mit Olivenöl bestreichen und mit Fleur de Sel
bestreuen. Sofort zum Dip servieren.

FÜR 4 PORTIONEN

FÜR DEN DIP

250 g Magerquark
200 g Crème fraîche
4 Knoblauchzehen
Salz
Pfeffer
2 Tomaten
1 Bund Schnittlauch

FÜR DAS BROT

160 g Weizenmehl, Type 405
90 g feiner Grieß
1 Tl Salz
1 El frisch gehackte Salbeiblätter
2 El Olivenöl
Fleur de Sel

AUSSERDEM

Mehl für die Arbeitsfläche

GEGRILLTER CHICORÉE MIT HASELNÜSSEN UND ZITRUSFRUCHTBUTTER

Chicorée putzen und der Länge nach halbieren. Die Haselnüsse grob hacken und in einer Pfanne ohne Fett etwas anrösten. Die Zitrusfrüchte mit einem scharfen Messer schälen, dabei auch die dünne weiße Haut mit herunterschneiden. Die Fruchtfilets zwischen den Trennhäuten herausschneiden. Den herabtropfenden Saft in einem kleinen Topf auffangen.

Saft mit Zucker aufkochen und dickflüssig reduzieren. Butter zugeben und unterrühren. Chicoréeblätter in die Butter geben und leicht erwärmen. Herausnehmen und auf dem Grill von beiden Seiten jeweils 5 Minuten garen.

Die gegrillten Chicoréehälften auf Tellern anrichten, mit Salz und Pfeffer würzen. Mit Haselnüssen und Petersilie bestreuen. Mit der lauwarmen Zitrusfruchtbutter servieren.

FÜR 4 PORTIONEN

2 gelbe Chicorée
2 rote Chicorée
10 Haselnüsse
1 Orange
1 Limette
1 rosa Grapefruit
1 El brauner Zucker
80 g Butter
1 El fein gehackte Petersilie
Salz
Pfeffer

GEGRILLTER SESAM-BROKKOLI MIT PFLAUMEN UND RICOTTA

Den Brokkoli waschen, putzen und in große Röschen teilen. In kochendem Salzwasser 2 Minuten garen, in ein Sieb abgießen, in kaltem Wasser abschrecken und abtropfen lassen. Die Brokkoliröschen in eine Schüssel geben und mit Sesam, Olivenöl, Zitronenschale und -saft marinieren.

Die Pflaumen vierteln und den Stein entfernen. Brokkoli und Pflaumen abwechselnd auf Spieße stecken. Auf dem Grill bei geschlossenem Deckel und mittlerer Hitze etwa 6 Minuten garen.

Ricotta mit Hoisin-Sauce verrühren. Die gegarten Brokkolispieße mit etwas Salz und Pfeffer würzen und mit dem Ricotta servieren.

FÜR 4 PORTIONEN

3 Köpfe Brokkoli
Salz
1 TI Sesamsaat
4 E Olivenöl
abgeriebene Schale von
   1 unbehandelten Zitrone
2 El frisch gepresster Zitronensaft
4 große Pflaumen
150 g Ricotta
2 El Hoisin-Sauce
Pfeffer

TANDOORI-SPIESSE MIT BLUMENKOHL UND KARTOFFELN MIT MANGO-RAITA

FÜR 4 PORTIONEN

1 reife Mango
400 g griechischer Joghurt
1 Tl Senfsaat
½ Tl Bockshornkleesamen
1–2 rote Chilischoten
1 El Ghee oder Rapsöl
2 El fein geschnittener Koriander
1 Blumenkohl (ca. 1 kg)
Salz
500 g kleine festkochende
 Kartoffeln (z. B. Drillinge)
1–2 El Tandooripaste
1 El Rapsöl
1 El Honig
1 El frisch gepresster Limettensaft
4 Naan-Brote
4 Limettenecken

AUSSERDEM

einige Holzspieße, in Wasser
 eingelegt

Die Mango schälen, das Fruchtfleisch vom Kern schneiden und fein würfeln. Den Joghurt in eine Schüssel geben und mit den Mangowürfeln verrühren. Die Chilis vom Stiel befreien und fein hacken. Wer es nicht so scharf mag, sollte vorher die Kerne entfernen.

Ghee in einer Pfanne erhitzen und die Senfsaat darin anrösten, bis sie anfängt, in der Pfanne zu hüpfen. Dann die gehackten Chilis und die Bockshornkleesamen zugeben und etwa 30 Sekunden anrösten. Die Mischung mit 1 El Koriander unter den Mangojoghurt rühren.

Den Blumenkohl putzen, in große Röschen schneiden und in kochendem Salzwasser 3 Minuten garen. In ein Sieb abgießen und mit kaltem Wasser abschrecken. Die Kartoffeln ebenfalls in Salzwasser bissfest garen. In ein Sieb abgießen, auskühlen lassen und halbieren.

Blumenkohlröschen und halbierte Kartoffeln abwechselnd auf die Holzspieße stecken. Die Tandooripaste mit Öl, Honig und Limettensaft verrühren und die Gemüsespieße damit marinieren.

Die Spieße auf den Grill legen und rundherum etwa 8 Minuten grillen, bis sie Farbe annehmen. Das Naan-Brot ebenfalls kurz auf dem Grill anrösten.

Die Spieße mit etwas Mango-Raita und jeweils einer Limettenecke auf Tellern anrichten. Mit dem übrigen Koriander bestreuen und mit dem Naan-Brot servieren.

AUBERGINEN-ZUCCHINI-SPIESSE

Die Gewürze und Kräuter mit einer Prise Salz im Mörser zerstoßen und mit dem Olivenöl vermengen.

Die Auberginen und die Zucchini waschen, trocken tupfen und die Enden abschneiden. Das Gemüse längs vierteln und in 2 cm dicke Scheiben schneiden.

Die Zwiebeln abziehen und achteln. Auberginen, Zucchini und Zwiebeln abwechselnd auf Spieße stecken, mit Salz und Pfeffer bestreuen und mit dem angerührten Öl bestreichen.

Auf dem heißen Grill rund 20 Minuten grillen, dabei immer wieder mit dem Würzöl bestreichen. Die gegrillten Spieße mit dem Würzöl beträufelt servieren.

FÜR 4 PORTIONEN

½ Tl Pfefferkörner
½ Tl Pimentkörner
½ Tl Korianderkörner
½ Tl getrockneter Thymian
½ Tl getrockneter Oregano
100 ml Olivenöl
2 Auberginen
2 Zucchini
2 große Zwiebeln
Salz
Pfeffer

GANZER GEGRILLTER KÜRBIS MIT FETA UND COUSCOUS

FÜR 4 PORTIONEN

1 Hokkaidokürbis (ca. 500 g)
2 Schalotten
2 Stangen Staudensellerie
6 getrocknete Aprikosen
100 g Feta
120 g Couscous
160 ml klare Gemüsebrühe
3 El Olivenöl
Salz
Pfeffer
60 g geröstete Cashewkerne
2 El fein gehackte Petersilie

Vom Kürbis etwa das obere Drittel als Deckel abschneiden. Die Kerne und die Fäden aus dem Kürbis mithilfe eines Löffels herauskratzen. Den Kürbis dann mit der Öffnung nach oben etwa 10 Minuten auf dem Grill vorgaren. Den Deckel ebenfalls 6 Minuten auf den Grill geben.

Die Schalotten schälen und in feine Würfel schneiden. Den Staudensellerie putzen und in dünne Scheiben schneiden. Die Aprikosen fein hacken. Den Feta fein zerbröseln. Den Couscous in eine Schüssel geben. Die Brühe aufkochen und den Couscous damit übergießen. 10 Minuten quellen lassen.

Das Olivenöl in einer Pfanne erhitzen und die Schalottenwürfel und die Selleriescheiben darin glasig andünsten. Mit etwas Salz und Pfeffer würzen. Cashewkerne hacken. Zusammen mit Gemüse, Aprikosen, Feta und Petersilie unter den Couscous mengen. Den vorgegarten Kürbis mit dem Couscous füllen und den Deckel aufsetzen.

Den Kürbis auf den Grillrost setzen und bei geschlossenem Deckel nochmals 20 Minuten garen.

GEGRILLTE SÜSS-KARTOFFELN MIT KIRSCH-MACADAMIA-SALSA

FÜR 4 PORTIONEN

1 rote Zwiebel
½ gelbe Paprika
1 El eingelegte Jalapeños
2 El fein gehackte Macadamianüsse
80 g getrocknete Sauerkirschen
2 El Kirschmarmelade
1 El fein gehackte Korianderblätter
2 El frisch gepresster Limettensaft
4 kleine Süßkartoffeln (à ca. 250 g)
Salz
Pfeffer
4 El Ponzu
Olivenöl zum Bestreichen

Die Zwiebel schälen, halbieren und die Hälften fein würfeln. Die Paprika von den Kernen und den weißen Häutchen befreien und ebenfalls in feine Würfel schneiden. Die Jalapeños fein hacken. Die gehackten Macadamias in einer Pfanne ohne Fett goldbraun anrösten. Die Sauerkirschen fein hacken. Alles in eine Schüssel geben und mit Kirschmarmelade, Koriander, 1 El Wasser und Limettensaft verrühren.

Die Süßkartoffeln der Länge nach in etwa 5 mm dicke Scheiben schneiden und dünn mit Olivenöl bestreichen. Mit etwas Salz würzen. Auf den Grill legen und bei mittlerer Hitze und geschlossenem Deckel 12 Minuten grillen. Nach 6 Minuten wenden.

Die Ponzu-Sauce in einen tiefen Teller geben. Die gegrillten, heißen Süßkartoffelscheiben kurz durch die Ponzu-Sauce ziehen und auf Tellern mit etwas Kirsch-Macadamia-Salsa anrichten.

Für 200 ml Ponzu
60 ml süßen Reiswein (Mirin) aufkochen und 2 El braunen Zucker darin auflösen, 100 ml Sojasauce, 50 ml frisch gepressten Orangensaft, 50 ml frisch gepressten Limettensaft sowie die abgeriebene Schale einer unbehandelten Limette zugeben und alles miteinander verrühren. In ein Schraubglas füllen und bis zur Verwendung kühl stellen.

SALTIMBOCCA VON DER AUBERGINE MIT FRISCHEN KRÄUTERN

Die Auberginen waschen, trocken tupfen und die Enden abschneiden. Der Länge nach in ½ cm dicke Scheiben schneiden. Die Scheiben mit Salz bestreuen und etwa 10 Minuten Saft ziehen lassen.

Den Knoblauch abziehen und fein hacken. Mit dem Olivenöl in einer Schüssel verrühren. Die Tomaten waschen, von Stängelansätzen befreien und in 8 Scheiben schneiden.

Die Auberginenscheiben abspülen und trocken tupfen. Auf dem Grill von jeder Seite 1–2 Minuten grillen. Den Mozzarella in Scheiben schneiden. Die Kräuter abspülen, die Salbeiblätter und Rosmarinnadeln von den Stängeln zupfen. Die Auberginenscheiben ausbreiten und mit dem Knoblauchöl bestreichen. Salzen und pfeffern. Jeweils eine Tomaten- und Mozzarellascheibe darauflegen. Mit einigen Salbeiblättern und Rosmarinnadeln bestreuen. Die Auberginenscheiben längs zusammenklappen und mit Holzspießen feststecken. Von jeder Seite 2–3 Minuten grillen.

FÜR 4 PORTIONEN

400–500 g Auberginen
Salz
2 Knoblauchzehen
4–5 El Olivenöl
2–3 große Tomaten
125 g Mozzarella
 (nach belieben vegan)
2 Zweige Rosmarin
2 Zweige Salbei
Pfeffer

GEFÜLLTE SPITZ-PAPRIKA MIT REIS UND SCHAFSKÄSE

FÜR 4 PORTIONEN

80 g Langkornreis
Salz
1 Zwiebel
2 El gehackte Mandeln
5 El Olivenöl
1 Prise gemahlener Safran
2 Tl Kreuzkümmel
2 Tl Paprikapulver rosenscharf
20 g Rosinen
80 g Schafskäse
10 Minzblätter
4 große, hellgrüne Spitzpaprika
200 g Kichererbsen aus dem Glas
80 ml klare Gemüsebrühe
40 g Tahin (Sesampaste)
2 El Zitronensaft
1 El Chiliflocken

Den Langkornreis in kochendem Salzwasser garen und in ein Sieb abgießen. Die Zwiebel schälen, halbieren und fein würfeln. Die Mandeln in einer Pfanne ohne Fett goldbraun anrösten, aus der Pfanne nehmen und 2 El Olivenöl darin erhitzen. Die Zwiebelwürfel dazugeben und anbraten, bis sie leicht Farbe nehmen. Safran und jeweils 1 Tl Kreuzkümmel und Paprikapulver zugeben und kurz anrösten. Den gekochten Reis und die Rosinen zugeben und alles gut miteinander vermischen. In eine Schale geben, etwas abkühlen lassen. Schafskäse zerbröseln, die Minzblätter fein schneiden und beides untermischen.

Von den Spitzpaprika jeweils den Stielansatz etwa 2 cm breit abschneiden. Die Kerne und die weißen Häutchen aus den Schoten herausschneiden und diese mit der Reismischung füllen. Die Stieldeckel wieder aufsetzen und mit Zahnstochern fixieren.

Die Kichererbsen mit Gemüsebrühe, Tahin, 2 El Olivenöl und Zitronensaft in ein hohes Gefäß geben und fein pürieren.

Mit dem übrigen Kreuzkümmel, Paprikapulver und etwas Salz abschmecken und in eine flache Schale füllen. In der Mitte mit einem Löffel eine Mulde formen und das übrige Olivenöl hineingießen. Mit den Chiliflocken bestreuen.

Die Spitzpaprika auf dem Grill bei mittlerer Temperatur unter gelegentlichem Wenden etwa 10 Minuten grillen. Die gegrillten Paprika mit dem Hummus servieren.

KARTOFFEL-CHAMPIGNON-SPIESSE MIT BÄRLAUCHCREME

FÜR 4 PORTIONEN

FÜR DIE SPIESSE

500 g kleine Kartoffeln
Salz
150 g Champignons
8 Cocktailtomaten
2 Knoblauchzehen
1 Zitrone (Saft)
8 El Olivenöl
1 El frisch gehackte Petersilie
Pfeffer
Öl für den Rost

FÜR DIE BÄRLAUCHCREME

200 g Sojaquark (FP oder
    selbstgemacht, siehe Tipp)
100 g Soya cuisine
Salz
Pfeffer
1 Prise frisch geriebene
    Muskatnuss
2 Knoblauchzehen
1 Bund Bärlauch
mittelscharfer Senf nach Belieben
1 Spritzer Zitronensaft

Die Kartoffeln gründlich abbürsten und in der Schale in kochendem Salzwasser etwa 15 Minuten garen. In der Zwischenzeit die Champignons putzen, die Tomaten waschen und trocknen. Den Knoblauch abziehen und fein hacken. Den Zitronensaft mit Olivenöl, Petersilie und Knoblauch verrühren und mit Salz und Pfeffer abschmecken.

Die Kartoffeln abgießen und noch heiß in die Marinade geben. Die Champignons hinzufügen und alles vorsichtig wenden, sodass Kartoffeln und Champignons von der Marinade überzogen sind. Mindestens 1 Stunde ziehen lassen, dabei ab und zu wenden.

In der Zwischenzeit Sojaquark und Soya cuisine in einer Schüssel verrühren. Mit Salz, Pfeffer und Muskatnuss abschmecken. Die Knoblauchzehen abziehen und durch eine Presse dazugeben. Den Bärlauch waschen und trocken schütteln, die Blätter abzupfen und fein hacken. Den Bärlauch unter die Creme rühren. Mit Senf und Zitronensaft abschmecken.

Die Kartoffeln und Champignons abwechselnd auf gewässerte Holzspieße stecken und auf dem Grill unter Wenden in 4–5 Minuten knusprig-braun grillen. Die Spieße mit der Bärlauchcreme servieren.

So kannst du ganz leicht selbst Sojaquark herstellen: Setze einen Kaffeefilter in einen Trichter und hänge diesen über eine Schüssel. Gib Natur-Sojajoghurt in den Filter und lasse ihn einige Stunden im Kühlschrank abtropfen. Du erhältst eine feste, quarkähnliche Masse.

SALAT VON GEGRILLTEN KARTOFFELN UND SPARGEL MIT MOZZARELLA

Die Kartoffeln in kochendem Salzwasser bissfest garen und in ein Sieb abgießen. Etwas auskühlen lassen und dann halbieren. In eine Grillschale geben und mit 2 El Olivenöl marinieren.

Den Spargel von den holzigen Enden befreien. Den weißen Spargel schälen und zusammen mit dem grünen Spargel in kochendem Salzwasser mit 1 Prise Zucker 4 Minuten garen. In ein Sieb abgießen, mit kaltem Wasser abschrecken und ab-tropfen lassen.

Die Cocktailtomaten halbieren. Die Basilikumblätter von den Zweigen zupfen. Den Mozzarella in kleine Stücke zupfen.

Aus dem restlichen Olivenöl, Balsamicoessig und Gemüsebrühe ein Dressing rühren. Mit Salz, Pfeffer und Zucker abschmecken.

Die Grillschale mit den Kartoffeln auf den Grill setzen und unter gelegentlichem Wenden etwa 6 Minuten grillen. Die weißen und grünen Spargelstangen etwas einölen und auf den Grillrost legen. 10 Minuten grillen und dabei mehrfach wenden.

Den Spargel mit den Grillkartoffeln auf Tellern anrichten. Cock-tailtomaten, Mozzarella und Basilikumblätter darauf verteilen und mit dem Dressing marinieren.

FÜR 4 PORTIONEN

500 g neue Kartoffeln
Salz
5 El Olivenöl
500 g weißer Spargel
500 g grüner Spargel
Zucker
100 g Cocktailtomaten
1 Bund Basilikum
150 g Büffelmozzarella
2 El Balsamicoessig
4 El klare Gemüsebrühe
Pfeffer
etwas Rapsöl für die Spargel-
    stangen

MIT MOZZARELLA GEFÜLLTE PORTOBELLOS UND GUACAMOLE

Für die Guacomole die Avocados halbieren, den Kern entfernen und das Fruchtfleisch mit einem Löffel aus der Schale löffeln. Zwiebel schälen, halbieren und in feine Würfel schneiden. Knoblauchzehe schälen und sehr fein hacken. Chili vom Stiel befreien und ebenfalls fein hacken. Avocadofruchtfleisch, Zwiebelwürfel, gehackte Knoblauchzehe und Chili in eine Schüssel geben. Mit einer Gabel zu einem cremigen Dip verarbeiten. Mit dem Limettensaft sowie etwas Fleur de Sel abschmecken. Koriander untermengen.

Büffelmozzarella in vier gleich große Scheiben schneiden. Pilze so auf den Grill legen, dass die Lamellen nach unten zeigen. Nach 4 Minuten wenden und nochmals 4 Minuten grillen, dabei den Mozzarella auf der Lamellenseite verteilen. Die halbierten Tomaten ebenfalls mit der Schnittfläche nach oben auf den Grill legen und etwa 5 Minuten grillen.

Pilze und Tomaten mit etwas Fleur de Sel und Pfeffer würzen. Die Tomatenhälften auf den geschmolzenen Mozzarella setzen und jeweils einen Klecks Guacamole darübergeben. Auf Tellern anrichten und mit der übrigen Guacamole sowie den Limettenecken servieren.

FÜR 4 PORTIONEN

2 reife Avocados
1 kleine rote Zwiebel
1 Knoblauchzehe
1 kleine grüne Chilischote
1 TI frisch gepresster Limettensaft
Fleur de Sel
1 El fein geschnittener Koriander
150 g Büffelmozzarella
4 Portobellos
2 große Strauchtomaten
frisch gestoßener Pfeffer
4 Limettenecken

FÜR 4 PORTIONEN

2 El Sesamsamen
400 g Austernpilze
2 Knoblauchzehen
2 cm Ingwer
2 Frühlingszwiebeln
4 El Sojasauce
1 ½ El dunkles Sesamöl
2 El Zucker
Öl für den Rost

ASIA-AUSTERNPILZE MIT SESAM

Den Sesam in einer Pfanne ohne Fett einige Minuten vorsichtig rösten, bis er zu duften beginnt. Abkühlen lassen. Die Austernpilze putzen, den Knoblauch und den Ingwer schälen und fein hacken, die Frühlingszwiebeln putzen und fein hacken. Sojasauce, Sesamöl und Zucker gut verrühren und 10 Minuten stehen lassen, bis der Zucker aufgelöst ist. Dann Zwiebeln, Knoblauch und Ingwer unterrühren und die Pilze darin 20 Minuten marinieren.

Pilze auf gewässerte Holzspieße stecken und auf dem geölten Grillrost 5–8 Minuten von allen Seiten grillen, bis sie weich sind. Zum Servieren die Pilze von den Spießen streifen und mit den gerösteten Sesamsamen bestreuen.

GEGRILLTER MAISKOLBEN MIT KORIANDERBUTTER

Die Maiskolben in reichlich kochendem Salzwasser etwa 20 Minuten garen.

In der Zwischenzeit die Blätter von den Korianderzweigen zupfen und in feine Streifen schneiden. Butter mit Limettensaft, Chiliflocken und etwas Fleur de Sel schmelzen. Die Korianderstreifen zugeben.

Die gegarten Maiskolben für 10–15 Minuten auf den Grill legen und dabei gelegentlich wenden. Hin und wieder mit Korianderbutter bestreichen.

FÜR 4 PORTIONEN

8 Maiskolben
Salz
½ Bund Koriander
60 g Butter
2 El frisch gepresster Limettensaft
1 Tl Chiliflocken
Fleur de Sel

CAESAR-SALAT MIT BLAUSCHIMMELKÄSE VOM GRILL

FÜR 4 PORTIONEN

12 Scheiben Baguette
150 g Blauschimmelkäse
4 Romana-Salatherzen
1 Knoblauchzehe
1 El Zitronensaft
1 Tl scharfer Senf
1 Ei
120 ml Olivenöl
20 g frisch geriebener Parmesan
1 Prise Zucker
Salz
Pfeffer

Die Baguettescheiben auf dem Grill von einer Seite anrösten. Den Blauschimmelkäse fein zerbröseln und auf den gegrillten Seiten der Brote verteilen. Auf einem zum Grill passenden Blech verteilen.

Die Salatherzen waschen, putzen und der Länge nach halbieren. Die Knoblauchzehe schälen und sehr fein hacken. Knoblauch mit Zitronensaft, Senf, Ei, Olivenöl und Parmesan in ein hohes Gefäß geben und mit dem Stabmixer zu einem cremigen Dressing verarbeiten. Mit Zucker, Salz und Pfeffer würzen.

Das Blech mit den Baguettescheiben auf den Grill setzen. Den Grilldeckel schließen und die Brote so lange rösten, bis der Käse anfängt zu verlaufen. Die Salatherzen auf dem Grill bei mittlerer Temperatur von jeder Seite etwa 2 Minuten grillen. Mit etwas Salz und Pfeffer würzen.

Die Salatherzen mit den Blauschimmel-Baguettes auf Tellern anrichten. Das Dressing über die Salatherzen geben und sofort servieren.

BBQ-SEITANRIBS MIT GEGRILLTEN AUBERGINEN IN PFLAUMEN-SESAM-VINAIGRETTE

FÜR 4 PORTIONEN

600 g Seitan
   (möglichst dicke Stücke)
70 ml BBQ-Sauce
2 El Sojasauce
1 El Limettensaft
2 El Rapsöl
4 kleine Auberginen
Salz
4 El Olivenöl
Pfeffer
1 El Pflaumenmus
3 El klare Gemüsebrühe
3 El Obstessig
1 El Sesamöl
1 Tl geröstete Sesamsaat

Den Seitan in etwa 1 cm dicke Stücke schneiden. BBQ-Sauce, Sojasauce, Limettensaft und Rapsöl zu einer Marinade verrühren. Die Seitanribs in der Marinade einlegen und etwa 1 Stunde marinieren.

In der Zwischenzeit die Auberginen der Länge nach halbieren und das Fruchtfleisch rautenförmig einschneiden. Das Fruchtfleisch leicht salzen und etwa 30 Minuten ruhen lassen. Mit der eingeschnittenen Seite nach unten auf einem Stück Küchenpapier abtropfen lassen und mit dem Olivenöl bestreichen. Mit etwas Pfeffer würzen.

Pflaumenmus, Gemüsebrühe, Obstessig, Sesamöl und Sesamsaat zu einer Vinaigrette verrühren.

Die Auberginen auf den Grill legen und von jeder Seite etwa 6 Minuten grillen. Die Seitanribs ebenfalls auf dem Grill verteilen und von jeder Seite etwa 4 Minuten grillen.

Die Auberginen vom Rost nehmen und auf einer Platte anrichten. Mit der Pflaumen-Sesam-Vinaigrette marinieren und noch heiß mit den Seitanribs servieren.

MARINIERTE SEITANSTEAKS MIT FRISCHEN KRÄUTERN

Den Seitan abtropfen lassen und in etwa 1 cm dicke Scheiben schneiden. Olivenöl, Salz, Pfeffer, Koriander, Sojasauce, Essig, Kräuter und Zucker zu einer Marinade rühren, den Knoblauch abziehen und durch eine Presse dazudrücken.

Den Seitan in eine Schale legen, mit der Marinade übergießen und über Nacht im Kühlschrank ziehen lassen.

Die Seitanscheiben aus der Marinade nehmen, abtropfen lassen und auf dem eingeölten Grillrost 10–15 Minuten grillen. Dabei immer wieder wenden und mit der Marinade bestreichen.

FÜR 4 PORTIONEN

500 g Seitan
4 El Olivenöl
1 Tl Salz
1 Prise Pfeffer
1 Tl gemahlener Koriander
1 Tl Sojasauce
1 Tl Balsamicoessig
1 Tl frisch gehackte Kräuter
   (z. B. Petersilie und Koriander)
1 Prise Zucker
2 Knoblauchzehen
Öl für den Rost

SEITAN-YAKITORI MIT KASHA-GEMÜSE UND ERDNÜSSEN

FÜR 4 PORTIONEN

150 g Kasha
  (gerösteter Buchweizen)
Salz
250 g Seitanmedaillons
3 El Sesamsaat
6 El Sojasauce
2 El Reisessig
6 El Sake
40 g Honig
1 El Sesamöl
½ Tl Chiliflocken
1 kleine Möhre
1 kleine Zucchini
200 g Zuckerschoten
40 g Erdnüsse
1 Bund Schnittlauch
3 El Olivenöl
Gomasio
  (japanisches Sesamgewürz)

Kasha in reichlich Salzwasser garen, in ein Sieb abgießen und abtropfen lassen. Seitanmedaillons in möglichst große Würfel schneiden und auf Holzspieße stecken. Sesamsaat in einer Pfanne ohne Fett goldbraun anrösten.

Sojasauce, Reisessig, Sake, 20 g Honig und Sesamöl in einer flachen Schale kräftig verrühren und mit etwas Salz und Chiliflocken würzen. Die Seitanspieße in die Marinade geben und für 1 Stunde marinieren. Die Spieße gelegentlich drehen. Den übrigen Honig mit 1 El Wasser und dem gerösteten Sesam verrühren.

Möhre schälen und in dünne Scheiben schneiden. Zucchini in etwa 1 cm große Würfel schneiden. Zuckerschoten putzen. Das Gemüse getrennt voneinander bissfest garen, in ein Sieb geben und abtropfen lassen. Erdnüsse grob hacken und in einer Pfanne ohne Fett goldbraun rösten.

Kasha mit dem Gemüse in eine Schale geben und alles gut miteinander vermengen. Schnittlauch in feine Röllchen schneiden und untermengen. Mit Olivenöl marinieren und etwas Gomasio würzen.

Die Seitanspieße aus der Marinade nehmen und auf dem heißen Grill von jeder Seite grillen. Vom Grill nehmen und mit der Honig-Sesam-Mischung bestreichen. Die Yakitorispieße mit dem Kashagemüse servieren.

TEMPEH-SPIESSE MIT MARACUJA-DIP

FÜR 4 PORTIONEN

1 Schalotte
1 Knoblauchzehe
2 cm Ingwer
1 Stängel Zitronengras
200 ml Kokosmilch
2 Tl Chilisauce
2 Tl brauner Zucker
½ unbehandelte Limette
400 g Tempeh
50 g Maracujakonfitüre
2 El Limettensaft
3 El Sesamöl

Die Schalotte, den Knoblauch und den Ingwer schälen und fein würfeln. Das weiße Innere vom Zitronengras in feine Würfel schneiden. Du kannst auch alles im Mixer fein zerkleinern. Kokosmilch, Chilisauce und Zucker mit 100 ml Wasser in einem Topf vermischen. Die Limette in Scheiben schneiden, dazugeben und alles einige Minuten köcheln lassen.

Den Tempeh in 1 cm große Würfel schneiden und dazugeben. Alles etwa 20 Minuten bei schwacher Hitze köcheln lassen, dann auf der ausgeschalteten Platte abkühlen lassen.

Für den Dip die Konfitüre und den Limettensaft mit der Tempeh-Marinade und 50 ml Wasser in einem Topf verrühren. Einige Minuten köcheln lassen, bis die Masse leicht angedickt ist. Abkühlen lassen.

Die abgekühlten Tempeh-Würfel abtropfen lassen und auf Grillspieße stecken. Den Tempeh mit dem Sesamöl bestreichen und 10–12 Minuten von allen Seiten grillen. Die Spieße mit dem Maracuja-Dip servieren.

GEGRILLTE SEITAN-CURRYWURST MIT INGWER

Ingwer und Zwiebel schälen und in Stücke schneiden. Mit Saft, Zucker, Sojasauce, Curry- und Paprikapulver in einen Topf geben und aufkochen lassen. Hitze reduzieren und die Sauce abgedeckt 25 Minuten köcheln lassen.

Die Sauce mit einem Pürierstab fein mixen und mit Cayennepfeffer abschmecken. Die Reisstärke mit etwas Wasser mischen und mit einem Schneebesen unter die Sauce rühren. Unter Rühren aufkochen und 1 Minute köcheln lassen, bis die gewünschte Konsistenz erreicht ist.

Würste auf dem Grillrost rundherum knusprig grillen, anschließend auf Tellern verteilen, Currysauce darübergeben und mit etwas Currypulver bestreuen.

FÜR 8 WÜRSTE

2 cm Ingwer
1 große Zwiebel
800 ml Apfelsaft
100 g Tomatenmark
2 El Rohrohrzucker
2 El Sojasauce
1 El scharfes Currypulver
2 Tl rosenscharfes Paprikapulver
Cayennepfeffer
1– 2 El Reisstärke
8 Seitan- oder Tofugrillwürste

GEGRILLTER TOFU UND ANANAS MIT FRÜHLINGSZWIEBELN

Die Frühlingszwiebeln putzen. Den Tofu in acht gleich große Stücke schneiden. Die Ananas in vier etwa 1 cm dicke Scheiben schneiden und den Rest fein würfeln. Ingwer fein hacken. Die Schalotte schälen und fein würfeln. Die Knoblauchzehen schälen und fein hacken.

Das Olivenöl in einer Pfanne erhitzen und Ingwer, Schalotte und Knoblauch darin andünsten. Mit dem Ananassaft ablöschen und die Worcestersauce sowie die Sojasauce zugießen. Alles aufkochen und um etwa ein Drittel reduzieren. Die Ananaswürfel zugeben und weitere 5 Minuten bei mittlerer Temperatur köcheln lassen.

Den Tofu in eine flache Schale geben, die Ananasmarinade darübergießen und auskühlen lassen. Etwa 1 Stunde marinieren.

Den Tofu aus der Marinade nehmen und auf dem vorbereiteten Grillrost von jeder Seite etwa 4 Minuten grillen. Dabei immer wieder mit der Marinade bestreichen. Frühlingszwiebeln und Ananasscheiben ebenfalls auf den Grill legen und etwa 5 Minuten rundherum garen.

Den Tofu mit etwas frisch gemahlenem Pfeffer würzen und mit Frühlingszwiebeln und Ananasscheiben auf Tellern anrichten. Die übrige Marinade kurz aufkochen und dazu servieren.

FÜR 4 PORTIONEN

12 Frühlingszwiebeln
500 g fester Tofu
400 g geschälte frische Ananas
20 g geschälter Ingwer
1 Schalotte
2 Knoblauchzehen
3 El Olivenöl
100 ml Ananassaft
2 El Worcestersauce
3 El Sojasauce
Pfeffer

TOFU MIT BRAUNEM ZUCKER UND BOURBON AUF GRÜNEN TOMATEN

FÜR 4 PORTIONEN

4 El Bourbon
4 El Sojasauce
1,5 El brauner Zucker
1 Tl Cayennepfeffer
1 Knoblauchzehe
2 Rosmarinzweige
300 g Tofu, natur
400 g grüne Tomaten
1 rote Zwiebel
3 El frisch gepresster Limettensaft
3 El klare Gemüsebrühe
3 El Olivenöl
1 El Honig
Salz
Pfeffer

Aus Bourbon, Sojasauce, braunem Zucker und Cayennepfeffer in einer großen Schale eine Marinade rühren. Die Knoblauchzehe schälen und in dünne Scheiben schneiden. Mit dem Rosmarin in die Marinade geben. Den Tofu in etwa 1 cm dicke Scheiben schneiden und in der Marinade einlegen. Etwa 2 Stunden darin marinieren, dabei gelegentlich wenden.

In der Zwischenzeit die Tomaten in dünne Scheiben schneiden. Die Zwiebel schälen und in dünne Ringe schneiden. Aus Limettensaft, Gemüsebrühe, Olivenöl und Honig ein Dressing rühren und mit etwas Salz und Pfeffer abschmecken. Tomaten und Zwiebeln in eine Schüssel geben und mit dem Dressing marinieren.

Den Tofu aus der Marinade nehmen und bei mittlerer Hitze auf dem Grill von jeder Seite 4 Minuten grillen. Dabei immer wieder mit der Marinade bestreichen.

Den Tomatensalat auf Tellern verteilen und den gegrillten Tofu darauf anrichten.

Für ein veganes Vergnügen den Honig durch Agavendicksaft oder Reissirup ersetzen.

GEGRILLTER GRÜNER SPARGEL MIT SÜSS-KARTOFFELN UND TOFU

FÜR 4 PORTIONEN

8 grüne Spargelstangen
2 kleine Süßkartoffeln
Salz
300 g Tofu, natur
1 unbehandelte Limette
1 rote Chilischote
2 Frühlingszwiebeln
2 Knoblauchzehen
4 El Sojasauce
2 El Sesamöl
1 Tl Currypaste
2 dicke Scheiben Ingwer
Pfeffer

AUSSERDEM

8 Holzspieße, in Wasser eingelegt

Den Spargel von den holzigen Enden befreien und die Stangen dann in jeweils drei gleich lange Stücke schneiden. Die Süßkartoffeln schälen, der Länge nach halbieren und in etwa 1,5 cm dicke Stücke schneiden. Spargel- und Süßkartoffelstücke getrennt voneinander in kochendem Salzwasser 3 Minuten garen, in ein Sieb abgießen und mit kaltem Wasser abschrecken.

Den Tofu in etwa 1,5 cm dicke und 6 cm lange Stücke schneiden und auf Küchenpapier abtropfen lassen. Die Limette halbieren und eine Hälfte in dünne Scheiben schneiden. Die andere Limettenhälfte auspressen. Chili der Länge nach halbieren. Die Frühlingszwiebeln putzen und in dünne Ringe schneiden. Die Knoblauchzehen schälen und grob hacken.

Sojasauce mit Sesamöl, Limettensaft sowie Currypaste verrühren und in eine Schale geben. Limettenscheiben, Chilihälfte, Frühlingszwiebeln und Ingwer hinzugeben. Alles gut miteinander vermengen. Die Tofustücke hineingeben, etwa 60 Minuten darin marinieren und dabei ab und an wenden.

Den marinierten Tofu abwechselnd mit dem Spargel und den Süßkartoffelstücken auf die Holzspieße verteilen. Mit etwas Salz und Pfeffer würzen. Auf dem Grill bei 180 °C etwa 10 Minuten grillen, dabei gelegentlich wenden.

BUNTE GEMÜSE-TOFU-SPIESSE MIT VEGANER APRIKOSEN-MAYO

FÜR 4 PORTIONEN

FÜR DIE SPIESSE

6 El Sojasauce
4 El Orangensaft
1 Tl Ingwerpulver
1 Tl gemahlenes Kurkuma
1 Tl Currypulver
1 Prise Zucker
300 g Tofu, natur
2 rote Paprika
4 Aprikosen
12 Cocktailtomaten
12 Champignons
Öl für den Rost

FÜR DIE MAYONNAISE

100 ml Sojamilch
1 Schuss Weißweinessig
125 ml Rapsöl
1 Tl Senf
Pfeffer
Salz
2 El Currypulver
2 El Aprikosenkonfitüre

Aus Sojasauce, Orangensaft, Ingwer, Kurkuma, Currypulver und Zucker eine Marinade rühren. Den Tofu trocken tupfen und in etwa 2 cm große Würfel schneiden. Die Tofuwürfel in der Marinade wenden und mindestens 3 Stunden darin ziehen lassen.

In der Zwischenzeit für die Mayonnaise die Sojamilch mit dem Weißweinessig kurz mit dem Pürierstab aufschlagen. Das Öl unter Rühren einlaufen lassen. Senf, Pfeffer und 1 gute Prise Salz unterrühren. Das Currypulver mit 1 El heißem Wasser verrühren und unter die Mayonnaise rühren. Die Aprikosenkonfitüre durch ein Sieb streichen und die Mayonnaise damit abrunden. Bis zur Verwendung kalt stellen.

Die Paprikaschoten putzen, waschen, von den weißen Trennwänden und Kernen befreien und in etwa 2 cm große Stücke schneiden. Die Aprikosen kurz in heißes Wasser legen, dann kalt abschrecken und häuten. Die Aprikosen halbieren und entsteinen.

Die Tomaten waschen und trocknen, die Champignons putzen und die Stiele herausdrehen. Den Tofu abtropfen lassen und abwechselnd mit Paprika, Tomaten, Pilzen und Aprikosen auf Spieße stecken. Die Spieße auf den eingeölten Rost des heißen Grills legen und unter mehrmaligem Wenden grillen, bis das Gemüse gar, aber noch knackig ist. Zwischendurch immer wieder mit der Marinade bestreichen.

Die Tofu-Spieße mit der Curry-Aprikosen-Mayonnaise servieren. Dazu schmeckt Baguette.

TOFU-SPIESSE MIT KOSKOS-TOMATEN-MARINADE

Kokosmilch cremig rühren und in eine flache Auflaufform gießen. Tofu längs und quer zerteilen, sodass insgesamt acht längliche Stücke entstehen. Tofu in der Kokosmilch für 3 Stunden einlegen.

Limettensaft, Sojasauce, Tomatenmark und Ahornsirup mischen. Ein paar Tropfen Sesamöl unterrühren.

Tofu aus der Kokosmilch nehmen, trocken tupfen und auf die Spieße stecken. Die übrige Kokosmilch kann natürlich noch für Saucen, Suppen etc. weiterverwendet werden.

Spieße dünn mit Öl bestreichen und ca. 2 Minuten pro Seite auf dem Grillrost grillen. Zum Servieren die Spieße dünn mit der Marinade bestreichen.

FÜR 8 KLEINE SPIESSE

1 Dose gesüßte Kokosmilch
400 g Naturtofu
Saft von ½ Limette
4 Tl Sojasauce
6 Tl Tomatenmark
2 Tl Ahornsirup
geröstetes Sesamöl
Pflanzenöl zum Bestreichen

AUSSERDEM

8 Grillspieße

ANANAS-TOFU-SPIESSE MIT MINZ-RAITA

Den Ingwer schälen und fein hacken. Mit Sojajogurt, Tomatenmark, Koriander, Cayennepfeffer und Olivenöl vermischen. Den Tofu in Würfel schneiden, unter die Marinade rühren und im Kühlschrank mindestens 4 Stunden ziehen lassen.

Für die Raita die Minzblättchen abzupfen, waschen, trocken schütteln und fein hacken. Den Knoblauch schälen und fein hacken, die Chilischote waschen, längs halbieren, Kerne und Scheidewände entfernen und das Fruchtfleisch ebenfalls fein hacken. Alles mit Sojajoghurt, Kreuzkümmel und Salz verrühren und ca. 1 Stunde kalt stellen.

Die Ananas schälen, den harten Kern herausschneiden und das Fruchtfleisch in Würfel schneiden.

Die marinierten Tofuwürfel im Wechsel mit den Ananaswürfeln auf gewässerte Holzspieße stecken. 12–15 Minuten auf dem Rost grillen, dabei häufig wenden. Die Raita zu den Ananas-Tofu-Spießen servieren.

FÜR 4 PORTIONEN

FÜR DIE SPIESSE

1 cm Ingwer
125 g Sojajoghurt, natur
2 El Tomatenmark
3 Tl grob zerstoßene
    Korianderkörner
1 Tl Cayennepfeffer
1 Tl Olivenöl
300 g Tofu, natur
½ frische Ananas

FÜR DIE RAITA

1 Bund Minze
2 Knoblauchzehen
1 grüne Chilischote
500 g Sojajoghurt, natur
1 Tl Kreuzkümmel
1 Tl Salz

AUBERGINEN-BURGER MIT HALLOUMI UND LIMETTEN-BASILIKUM-PESTO

FÜR 4 PORTIONEN

1 große Aubergine
1 Schalotte
1 Knoblauchzehe
120 ml Olivenöl
Salz
Pfeffer
2 El fein geschnittener Koriander
2 El fein geschnittene glatte
    Petersilie
1 Eigelb
60 g frisch geriebener Parmesan
60 g Semmelbrösel
200 g Halloumi
1 Bund Basilikum
30 g Pinienkerne
abgeriebene Schale und Saft
    von ½ unbehandelten Limette
4 Burgerbrötchen
8 Scheiben Gartengurke
1 Handvoll Pflücksalat

Aubergine putzen und mit dem Sparschäler schälen. In etwa 1 cm große Würfel schneiden. Schalotte und Knoblauchzehe schälen und fein würfeln. 2 El Olivenöl in einer Pfanne erhitzen und die Auberginenwürfel darin leicht anbraten. Schalotte und Knoblauch zugeben und kurz andünsten. Mit Salz und Pfeffer würzen und mit 3 El Wasser ablöschen. Dünsten, bis die Flüssigkeit verdampft ist, und in einer Schüssel auskühlen lassen.

Die Auberginenmasse mit den Kräutern, Eigelb, 30 g Parmesan und Semmelbröseln in den Mixer geben und fein pürieren. Aus der Masse vier Pattys formen. Ist sie zu weich, noch ein paar Semmelbrösel untermengen.

Halloumi in acht gleich dicke Scheiben schneiden. Basilikumblätter von den Zweigen zupfen. Pinienkerne in einer Pfanne ohne Fett goldbraun anrösten und auskühlen lassen. Basilikumblätter mit dem übrigen Parmesan, Pinienkernen, dem übrigen Olivenöl, Limettensaft und -schale im Mixer fein pürieren. Das Pesto mit Salz und Pfeffer abschmecken.

Die Pattys und den Halloumi auf dem Grill bei mittlerer Hitze von jeder Seite 2–3 Minuten grillen. Die Burgerbrötchen ebenfalls auf den Grill legen und die Innenseiten leicht anrösten.

Die Brötcheninnenseiten mit dem Pesto bestreichen. Die Pattys auf die unteren Brötchenhälften legen und darauf den Halloumi verteilen. Mit Gurkenscheiben und Salat garnieren und die Brötchendeckel daraufsetzen.

Statt des Pestos passt auch die Orientalische Joghurtcreme von Seite 13 super zum Burger.

FOCACCIA-BURGER MIT PESTOGEMÜSE

FÜR 4 PORTIONEN

300 g Mehl
25 g frische Hefe
160 ml mildes Olivenöl
Fleur de Sel
1 kleine Knoblauchzehe
1 Bund Basilikum (ca. 75 g)
30 g Pinienkerne
20 g Parmesan
1 kleine Zucchini
1 große Möhre
2 Stangen Staudensellerie
1 Ochsenherztomate
1 Bund Rucola
200 g Grillkäse
Salz
Pfeffer

AUSSERDEM

Mehl für die Arbeitsfläche
Öl zum Bepinseln

Mehl in eine Schüssel geben, eine Mulde in die Mitte drücken und die Hefe hineinbröseln. 150 ml lauwarmes Wasser und 80 ml Olivenöl zugießen. Mit etwas Mehl vom Rand mischen. Mit 1 TI Fleur de Sel zu einem glatten Teig verkneten. Abgedeckt ca. 1 Stunde gehen lassen.

Für das Pesto Knoblauch schälen und klein schneiden. Basilikum waschen und trocken schütteln. Pinienkerne in einer Pfanne ohne Fett rösten. Parmesan reiben. Basilikum, Knoblauch und das restliche Olivenöl mit einem Stabmixer pürieren. Pinienkerne und Parmesan zugeben, nochmals pürieren und mit Salz abschmecken.

Gemüse putzen, Tomate in acht dünne Scheiben schneiden. Das restliche Gemüse mit dem Sparschäler in dünne Streifen schneiden und mit dem Pesto marinieren. Mit Salz und Pfeffer würzen. Rucola putzen.

Teig auf einer bemehlten Arbeitsfläche kräftig durchkneten und daraus vier gleich große Kugeln formen. Auf ein mit Backpapier ausgelegtes Backblech legen, etwas flach drücken, dann jeweils einigen Dellen in den Teig drücken. 20 Minuten gehen lassen.

Teig mit etwas Fleur de Sel bestreuen. Das Blech auf den Grill setzen und 30 Minuten bei geschlossenem Deckel grillen. Alternativ können die Focaccia etwa 12 Minuten bei 220 °C im Backofen gebacken werden. Mit Olivenöl bepinseln.

Grillkäse in acht dünne Scheiben schneiden. Auf dem heißen Grill von jeder Seite etwa 3 Minuten grillen. Die Focaccia aufschneiden und den unteren Teil mit Tomaten und mariniertem Gemüse belegen. Die gegrillten Käsescheiben auf dem Gemüse anrichten und den Rucola darauf verteilen. Den Focacciadeckel auf die Burger setzen und sofort servieren.

Wer möchte, kann das Gemüse auch mit mediterranem Olivenpesto anstatt des klassischen Pestos marinieren.

PORTOBELLO-BURGER MIT PFIRSICH

Pfirsiche halbieren und den Stein entfernen. Knoblauchzehe schälen und sehr fein hacken. Knoblauch mit Sojasauce, Balsamicoessig, 3 El Öl, etwas Salz und Pfeffer zu einer Marinade verrühren. Die Portobellos etwa 30 Minuten in der Marinade einlegen.

Avocado halbieren, den Stein entfernen und das Fruchtfleisch mit einem Löffel aus der Schale lösen. Fruchtfleisch in eine Schale geben und mit Limettensaft und Petersilie fein pürieren. Mit Salz und Pfeffer würzen.

Tomaten in etwa 1 cm dicke Scheiben schneiden. Frühlingszwiebeln putzen und halbieren. Kresse vom Beet schneiden. Zwiebel schälen und in feine Ringe schneiden. Die Hamburger-Brötchen halbieren.

Portobellos und Pfirsichhälften auf den heißen Grill legen und von jeder Seite 4 Minuten grillen. Frühlingszwiebeln für 4 Minuten mit auf den Grill geben, nach 2 Minuten wenden. Die Hamburger-Brötchen ebenfalls von der Innenseite etwas anrösten.

Auf den unteren Teil der Brötchen einen dicken Klecks Avocadocreme geben. Darauf Rucolablättchen, Tomatenscheiben und Zwiebelringe verteilen. Dann einen Portobello, zwei Stückchen Frühlingszwiebeln und zwei Pfirsichhälften daraufsetzen. Mit der Kresse bestreuen, den Brötchendeckel daraufsetzen und alles mit einem Holzspieß fixieren.

FÜR 4 PORTIONEN

4 Pfirsiche
1 Knoblauchzehe
2 El Sojasauce
3 El milder Balsamicoessig
4 El Öl
Salz
Pfeffer
4 Portobellos
1 Avocado
1 Tl frisch gepresster Limettensaft
1 El frisch gehackte Petersilie
2 Tomaten
4 Frühlingszwiebeln
1 Schale Gartenkresse
½ Bund Rucola
1 rote Zwiebel
4 große Hamburger-Brötchen

AUSSERDEM

4 lange Holzspieße

MARINIERTER HALLOUMI-BURGER MIT KNACKIGEM GEMÜSE

FÜR 4 PORTIONEN

FÜR DAS BÄRLAUCHPESTO

1 Bund Bärlauch
50 g gemahlene Mandeln
50 g frisch geriebener Parmesan
100 ml Olivenöl
Salz
Pfeffer

FÜR DIE PATTYS

400 g Halloumi
1 rote Chilischote
1 Zweig Rosmarin
4 El Olivenöl
1 El Zitronensaft
2 Knoblauchzehen
Salz
Pfeffer

FÜR DIE TOPPINGS

1 Aubergine
1 Zucchini
2 rote Zwiebeln

FÜR DIE BUNS

4 Weizenbrötchen (FP)

Für das Pesto den Bärlauch waschen, trocken schütteln und in feine Streifen schneiden. In einer kleinen Pfanne die Mandeln ohne Zugabe von Fett etwas anrösten. Bärlauch, Mandeln und Parmesan in einem Mörser mit dem Olivenöl zerstoßen. Alternativ im Mixer pürieren. Mit Salz und Pfeffer abschmecken.

Den Halloumi je einmal quer und längs halbieren, sodass 4 Stücke entstehen. Die Chilischote aufschneiden, entkernen, waschen und klein schneiden. Den Rosmarin waschen, trocken schütteln und die Nadeln fein hacken. Chili und Rosmarin mit dem Öl vermischen, den Zitronensaft hinzufügen. Die Knoblauchzehen schälen und in die Marinade pressen. Mit Salz und Pfeffer würzen.

Für die Toppings Aubergine und Zucchini waschen, trocken reiben, putzen und in Scheiben schneiden. Die Zwiebeln schälen und in feine Ringe schneiden.

Die Halloumischeiben von beiden Seiten mit der Hälfte der Marinade bestreichen. Die andere Hälfte der Marinade für die Auberginen- und Zucchinischeiben verwenden. Den Käse und das Gemüse auf dem Grill in 8–10 Minuten von beiden Seiten bräunen.

Die Brötchen halbieren, nach Geschmack kurz auf dem Grill mit anbräunen. Dann den unteren Teil mit Bärlauchpesto bestreichen. Die Auberginen- und Zucchinischeiben darauf verteilen. Je 1 Scheibe Halloumi auflegen, mit dem restlichen Pesto beträufeln und mit den Zwiebelringen garnieren. Die oberen Brötchenhälften anlegen.

VEGANER HOTDOG MIT GURKEN-ZWIEBEL-RELISH

FÜR 6 PORTIONEN

FÜR DAS RELISH

130 g Salatgurke
40 g Zwiebel
1 Tl Salz
1 El Rohrohrzucker
2 Tl Senfsaat
½ Tl Kurkuma
3–4 Dillstängel

FÜR DEN HOTDOG

6 vegane Grillwürste
veganer Ketchup oder andere
    vegane Grillsauce
6 Hotdog-Brötchen

Gurke in grobe Stücke zerteilen, Zwiebel schälen. Beides in einem Blitzhacker oder mit dem Messer fein hacken und mit Salz und Zucker mischen. 1 Stunde abgedeckt ziehen lassen. Eventuell ausgetretenes Wasser abgießen.

In einem kleinen Topf alle Zutaten für das Relish, bis auf den Dill, mischen, aufkochen und abgedeckt bei geringer Hitzezufuhr 10 Minuten köcheln lassen. Fertiges Relish kalt stellen. Dill waschen, trocknen, die Blättchen abzupfen und unter das abgekühlte Relish mischen.

Grillwürste auf dem heißen Rost rundherum knusprig grillen. Etwas Ketchup auf den Brötchen verteilen, je eine Grillwurst daraufgeben und mit Relish toppen.

BÁNH-MÍ-SANDWICH MIT GEGRILLTEM CHILITOFU UND KORIANDERGEMÜSE

Gemüse putzen, Zwiebel und Gurke schälen. Alles in sehr feine Streifen schneiden. Die Korianderblätter von den Stielen zupfen. Das Gemüse im Wokaufsatz für den Grill oder in einer Pfanne in 2 El heißem Öl kurz und kräftig anbraten. In eine Schale geben und mit etwas Salz und dem Sesamöl marinieren. Vom Limettensaft 1 El zurückbehalten und den Rest mit den Korianderblättern untermengen. Die Mayonnaise in eine Schüssel geben und mit Chilisauce, Sojasauce und dem restlichen Limettensaft verrühren. Mit etwas Salz und Pfeffer abschmecken.

Tofu in acht gleich dicke Scheiben schneiden und auf dem Grill von jeder Seite etwa 2 Minuten grillen. 3 Chilis klein hacken und mit dem übrigen Öl und etwas Fleur de Sel im Mörser zu einer Paste verrühren. Den gegrillten Tofu mit der Chilipaste marinieren.

Die Baguettes von jeder Seite 1 Minute grillen. Baguettes halbieren und der Länge nach aufschneiden, jedoch nicht ganz durchschneiden. Mit der Sauce bestreichen. Gemüse und Tofu darübergeben.

FÜR 4 PORTIONEN

1 kleine Zucchini
4 Frühlingszwiebeln
1 gelbe Möhre
1 rote Zwiebel
½ Gurke
1 kleiner roter Rettich
1 Bund Koriander
4 El Öl
Salz
2 El Sesamöl
Saft von 1 Limette
100 g vegane Mayonnaise (S. 10)
2 El Chilisauce (z. B. Sriracha)
1 El Sojasauce
Pfeffer
150 g geräucherter Tofu
2 kleine rote Chilischoten
Fleur de Sel
2 kleine Baguettes

SOJA-GYROS MIT PITABROT VOM GRILL

Für die Pitabrote den Zucker mit 150 ml lauwarmen Wasser und der Hefe in eine Schüssel geben und 10 Minuten an einem warmen Ort gehen lassen. Dann mit dem Mehl, dem Olivenöl und dem Salz verkneten. In eine Schüssel geben, mit einem Tuch bedecken und ca. 30 Minuten an einem warmen Ort gehen lassen, bis der Teig sein Volumen verdoppelt hat.

Anschließend nochmals kurz durchkneten, in 8 Stücke teilen und jedes zu einem 5 mm dicken Fladen ausrollen. Mit Küchenhandtüchern bedecken und nochmals 20 Minuten gehen lassen.

In der Zwischenzeit für das Gyros die Gemüsebrühe aufkochen und die Sojaschnetzel hineingeben. Von der Platte ziehen und 10 Minuten quellen lassen. Die restliche Brühe abgießen und die Sojaschnetzel mit den Händen ausdrücken. Die Zwiebeln schälen, fein hacken und zusammen mit Oregano, Thymian, Kreuzkümmel, Olivenöl und Sojasauce mit den Sojaschnetzeln vermischen. Mit Salz und Pfeffer abschmecken.

Für das Tsatsiki die Gurke fein würfeln, den Knoblauch schälen und fein hacken. Alle Zutaten vermengen und mit Salz und Pfeffer abschmecken.

Erst die Pita-Brote 2–3 Minuten auf jeder Seite grillen. Dann eine Grillpfanne auf dem Grill stark erhitzen und das Gyros unter häufigem Rühren darin knusprig braten.

Die Pitabrote längs aufschneiden, das Gyros in die Taschen füllen und das Tsatsiki dazu reichen.

FÜR 4 PORTIONEN

FÜR DIE BROTE

1 Tl Zucker
1 P. Trockenhefe
250 g Mehl
2 El Olivenöl
1 Tl Salz

FÜR DAS GYROS

300 ml Gemüsebrühe
150 g grobe Sojaschnetzel
3 Zwiebeln
1 Tl getrockneter Oregano
1 Tl getrockneter Thymian
½ Tl gemahlener Kreuzkümmel
4 El Olivenöl
3 El Sojasauce
Salz, Pfeffer

FÜR DAS TSATSIKI

½ Gurke
200 g Sojajoghurt
1 Knoblauchzehe
1 El Olivenöl
Salz, Pfeffer

FALAFEL MIT RETTICH-PICKLES

FÜR 4 PORTIONEN

900 g weißer Rettich
1 rote Bete
4 El Weißweinessig
Salz
2 grüne Chilischoten
300 g Kichererbsen
1 Bund glatte Petersilie (groß)
1 Frühlingszwiebel
2 Knoblauchzehen
100 g Erbsen (TK)
60 g Kichererbsenmehl
2 El Semmelbrösel
1 Tl geröstete Sesamsaat
1 El frisch gepresster Zitronensaft
1 Tl gemahlener Kreuzkümmel
Pfeffer
4 Pita-Brote
1 kleine Gartengurke

AUSSERDEM

etwas Olivenöl zum Bestreichen
½ Portion Orientalische Joghurt-
    Creme (S. 10) oder 250 g
    Joghurt (10 % Fett)

Rettich schälen und in kleine Stifte von etwa 1 cm Dicke und 4 cm Länge schneiden. Rote Bete ebenfalls schälen und halbieren. 1 l kaltes Wasser in eine Schüssel geben und mit dem Essig und 20 g Salz verrühren. Die Rettichstifte mit der Roten Bete und den Chilis darin einlegen. Die Schüssel abdecken und die Rettich-Pickles etwa 5 Tage ziehen lassen.

Die Kichererbsen mit reichlich kaltem Wasser bedecken und 1 Tag einweichen.

Petersilienblätter von den Zweigen zupfen. Ein Drittel davon zurückbehalten und den Rest fein hacken. Frühlingszwiebel putzen, der Länge nach halbieren und in sehr feine Streifen schneiden. Knoblauchzehen schälen und sehr fein hacken. Kichererbsen abgießen und mit Erbsen, Frühlingszwiebeln, Knoblauch und der gehackten Petersilie in den Mixer geben und pürieren. Anschließend Kichererbsenmehl, Semmelbrösel und Sesam unterarbeiten. Die Masse mit Zitronensaft, Kreuzkümmel und etwas Salz und Pfeffer abschmecken.

Aus der Falafelmasse zwölf gleich große Bällchen formen, etwas flach drücken und leicht mit etwas Olivenöl bestreichen. Auf dem Grill von jeder Seite 2–3 Minuten grillen. Die Pita-Brote ebenfalls auf den Grill legen und etwas angrillen. Die Gurke in Scheiben schneiden.

In die Pita-Brote Taschen schneiden, mit den Falafelbällchen, der übrigen Petersilie, den Gurkenscheiben und den Rettich-Pickles füllen.

Dazu die Joghurt-Creme oder mit Salz und Pfeffer abgeschmeckten Joghurt reichen.

GEGRILLTE LIMETTEN-QUESADILLAS MIT ZUCCHINIBLÜTEN

Zucchiniblüten putzen und klein schneiden. Zwiebel schälen, halbieren und fein würfeln. Chili vom Stiel befreien und fein hacken. Melissenblätter von den Zweigen zupfen und in feine Streifen schneiden.

Olivenöl in einer Pfanne erhitzen und die Zwiebelwürfel darin glasig andünsten. Chili und Zucchiniblüten zugeben und ebenfalls andünsten. Limettenschale und Zitronenmelisse untermengen. Mit dem Limettensaft sowie etwas Salz und Pfeffer würzen.

Die Zucchinimasse auf einer Hälfte der Tortillas verteilen und mit dem Cheddar bestreuen. Die andere Hälfte darüberklappen.

Tortillas vorsichtig bei mittlerer Hitze auf den Grillrost legen und grillen, bis der Käse geschmolzen ist. Dabei einmal wenden. Vom Grill nehmen und am besten sofort mit einem kalten Bier genießen.

FÜR 4 PORTIONEN

10 kleine Zucchiniblüten
1 rote Zwiebel
1 kleine Chilischote
2 Zweige Zitronenmelisse
2 El Olivenöl
abgeriebene Schale von
   1 unbehandelte Limette
1 Tl frisch gepresster Limettensaft
Salz
Pfeffer
8 Weizentortillas, 18 cm Ø
250 g frisch geriebener Cheddar

FÜR 4 PORTIONEN

8 Scheiben Sauerteigbrot
4 El Olivenöl
2 reife rote Birnen
100 g Blauschimmelkäse
1 El Ahornsirup oder Honig

GERÖSTETES BIRNENSANDWICH MIT BLAUSCHIMMELKÄSE

Die Brotscheiben mit Olivenöl bepinseln. Die Birnen schälen, vierteln und das Kerngehäuse entfernen. Birnenviertel in dünne Scheiben schneiden. Den Blauschimmelkäse fein zerbröseln und mit den Birnenscheiben sowie dem Ahornsirup vermengen.

Die Brotscheiben auf dem Grill von beiden Seiten kräftig anrösten. Die Käse-Birnen-Masse auf vier Brotscheiben verteilen. Die übrigen Brotscheiben daraufsetzen und die Sandwiches zusammendrücken. Halbieren und sofort genießen – am besten mit einem guten Glas Rotwein.

GEGRILLTES RACLETTE-APFEL-SANDWICH

Äpfel vierteln, entkernen, in feine Scheiben schneiden und in eine Schüssel geben. Schalotten schälen und in sehr feine Streifen schneiden. Mit Zucker und Zitronensaft zu den Apfelscheiben geben und alles gut miteinander vermischen. Die Apfelmischung in eine Grillschale geben und seitlich auf dem Grill etwa 5 Minuten garen. Vom Grill nehmen und abkühlen lassen.

Thymian mit der Butter verrühren und die Brotscheiben damit bestreichen. Walnüsse hacken und mit den Äpfeln auf vier Brotscheiben verteilen. Mit dem Raclettekäse belegen. Die übrigen gebutterten Brotscheiben auf den Käse setzen und die Sandwiches fest zusammendrücken. Die Brote seitlich auf den Grillrost legen und von beiden Seiten anrösten, bis der Käse anfängt zu schmelzen.

FÜR 4 PORTIONEN

2 kleine rote Äpfel
2 Schalotten
1 Tl brauner Zucker
½ Tl frisch gepresster Zitronensaft
½ El frisch gehackter Thymian
4 El gesalzene Butter
120 g Raclettekäse mit
    grünem Pfeffer, in Scheiben
    geschnitten
6 Walnüsse
8 kleine Scheiber Bauernbrot

GEGRILLTE EMPANADAS MIT ZIEGENFRISCHKÄSE

FÜR 4 PORTIONEN

250 g Weizenmehl
250 g Maismehl
100 g weiche Butter oder
    Margarine
5 El Olivenöl
2 El Milch
1 Ei (Größe M)
½ El Zucker
Salz
1 Zwiebel
2 Knoblauchzehen
1 Zucchini
1 Aubergine
3 Strauchtomaten
100 g Ziegenfrischkäse
2 Thymianzweige
1 Eigelb
Pfeffer

AUSSERDEM

Mehl für die Arbeitsfläche

Beide Mehlsorten in einer großen Schüssel miteinander vermengen. In der Mitte eine Mulde formen und Butter, 2 El Olivenöl, Milch, Ei, Zucker und 1 El Salz hineingeben. Alles vermischen und zu einem glatten Teig verkneten. Dabei nach und nach 150 ml lauwarmes Wasser zugeben. Den Teig abgedeckt für 2 Stunden im Kühlschrank ruhen lassen.

Zwiebel und Knoblauchzehen schälen. Zwiebel halbieren und die Hälften fein würfeln. Knoblauch fein hacken. Zucchini und Aubergine putzen und in etwa 0,5 cm große Würfel schneiden. Strauchtomaten vom Stiel befreien, vierteln und entkernen. Tomatenviertel in kleine Würfel schneiden. Thymianblättchen von den Zweigen zupfen.

Das restliche Olivenöl in einer Pfanne erhitzen. Zwiebelwürfel und gehackten Knoblauch darin glasig andünsten. Auberginen- und Zucchiniwürfel zugeben und kräftig anbraten. Tomatenwürfel und Thymianblättchen ebenfalls zugeben und alles bei mittlerer Temperatur etwa 6 Minuten köcheln lassen. Vom Herd nehmen und in einer Schüssel abkühlen lassen. Den Ziegenfrischkäse zerbröseln und unter die Gemüsemasse mengen. Mit etwas Salz und gemahlenem Pfeffer abschmecken.

Teig auf einer bemehlten Arbeitsfläche 2–3 mm dick ausrollen. Mit einem runden Ausstecher von 12 cm ⌀ etwa 16 Kreise ausstechen. Die Füllung mittig auf den Teigkreisen verteilen. Die Ränder mit etwas Wasser befeuchten, die Kreise zusammenklappen und die Ränder mit den Zinken einer Gabel fest zusammendrücken. Das Eigelb mit 2 El Wasser verquirlen und die Empanadas damit bestreichen. Die Teigreste gut verkneten, erneut ausrollen, ausstechen und weitere Empanadas zubereiten.

Die Empanadas mit der bestrichenen Seite nach oben bei mittlerer Temperatur 15–20 Minuten auf den Grill legen, bis sie knusprig sind. Einmal wenden.

LINSENBÄLLCHEN MIT GEGRILLTEM KRÄUTER-GEMÜSE-SALAT

FÜR 4 PORTIONEN

500 g Berglinsen
Salz
40 g Walnüsse
40 g Haselnüsse
2 Eigelb
2 Tl Kurkuma
4 El Paniermehl
Pfeffer
2 Schalotten
1 Bund Petersilie
1 Bund Koriander
1 unbehandelte Zitrone
2 Zucchini
250 g Cocktailtomaten,
    rot und gelb gemischt
200 g braune Champignons
6 El Olivenöl

Linsen in reichlich Salzwasser weich garen und auf ein Sieb abgießen.

In der Zwischenzeit die Nüsse in einer Pfanne ohne Fett etwas anrösten und dann fein hacken. Zwei Drittel der Linsen mit dem Mixstab fein pürieren und das Linsenpüree mit Eigelben, gehackten Nüssen, Kurkuma, Paniermehl und den übrigen Linsen zu einer nicht zu klebrigen Masse verarbeiten. Eventuell noch etwas Paniermehl unterarbeiten. Mit Salz und Pfeffer würzen. Die Linsenmasse dann bis zur weiteren Verwendung kühl stellen.

Schalotten schälen, der Länge nach halbieren und in feine Streifen schneiden. Petersilie und Koriander von den Stielen befreien und grob hacken. Mit dem Sparschäler drei dünne Scheiben Zitronenschale herunterschneiden und in feine Streifen schneiden. Den Zitronensaft auspressen. Zucchini in etwa 1,5 cm dicke Scheiben schneiden. Cocktailtomaten halbieren. Champignons ebenfalls halbieren.

Aus der gekühlten Linsenmasse etwa 5 cm große Bällchen formen und diese etwas flach drücken. Das Gemüse mit 2 El Olivenöl marinieren, mit Salz und Pfeffer würzen und in eine Grillschale geben. Auf den Grill setzen und unter gelegentlichem Wenden bissfest garen. Parallel die Bällchen auf dem Grillrost von beiden Seiten knusprig grillen.

Gehackte Kräuter, Schalottenwürfel und Zitronenschale in einer Schüssel vermischen und mit Zitronensaft sowie dem übrigen Olivenöl marinieren. Das gegarte Gemüse zum Kräutersalat geben und miteinander vermengen. Die Linsenbällchen mit dem Kräuter-Gemüse-Salat servieren.

GRÜNKERN-KROKETTEN MIT ROTE-BETE-TSATSIKI

FÜR DEN TSATSIKI

1 große gegarte Rote-Bete-Knolle
2 Knoblauchzehen
1 Schuss Rotweinessig
½ Bund Dill
2 El Olivenöl
250 g Sojajoghurt
Salz

FÜR DIE KROKETTEN

1 Zwiebel
2 Knoblauchzehen
3 El Rapsöl
130 g Grünkernschrot
225 ml Gemüsebrühe
1 El Paprikapulver
1 Tl gerebelter Thymian
1 Tl gerebelter Oregano
1 El Sojamehl
50–60 g Semmelbrösel
2 El Mehl
Salz
Pfeffer
Öl für Schale oder Rost

Für den Tsatsiki die Rote Bete grob in eine Schüssel reiben. Trag dabei am besten Handschuhe, da Rote Bete stark abfärbt. Die Knoblauchzehen abziehen und durch eine Presse dazudrücken. Den Rotweinessig dazugeben. Den Dill waschen, trocken schütteln und hacken. Dill und Olivenöl zu der Rote-Bete-Mischung geben und alles vermengen. Den Sojajoghurt untermengen und den Tsatsiki mit Salz abschmecken. Etwa 1 Stunde im Kühlschrank durchziehen lassen.

In der Zwischenzeit für die Grünkern-Kroketten Zwiebel und Knoblauch abziehen und sehr fein hacken. Das Öl in einem Topf erhitzen und beides darin anschwitzen. Das Grünkernschrot dazugeben und unter gelegentlichem Rühren etwa 5 Minuten andünsten. Mit der Gemüsebrühe ablöschen. Paprikapulver und Kräuter unterrühren, aufkochen und bei schwacher Hitze zugedeckt 5 Minuten quellen lassen. Dann etwas abkühlen lassen.

Sojamehl, 2 El Wasser, Semmelbrösel und Mehl unter die abgekühlte Grünkernmasse mengen. Mit Salz und Pfeffer abschmecken. Aus der Masse mit leicht eingeölten Händen kleine Kroketten formen Die Röllchen auf einen gefetteten Rost oder in eine Grillschale legen und auf dem heißen Grill 10–15 Minuten von allen Seiten grillen. Die Kroketten mit dem Rote-Bete-Tsatsiki servieren.

KNUSPRIGE MÖHREN-PLÄTZCHEN MIT MANGO-KOKOS-CHUTNEY

FÜR 4 PORTIONEN

FÜR DIE PLÄTZCHEN

800 g Möhren
1 Zwiebel
40 g Margarine
Salz
Pfeffer
2 El Marsala (italienischer
   Likörwein)
80 g zarte Haferflocken
1 Tl abgeriebene Schale von
   1 unbehandelte Orange
2 El gehackter Kerbel
2 El gehackte Haselnüsse
1 El Stärkemehl
4 El gemahlene Haselnüsse

FÜR DAS CHUTNEY

1 reife Mango
2 Tl frisch geriebener Ingwer
2 El frisch geriebene Kokosnuss
1 Chilischote
1 unbehandelte Limette
1 unbehandelte Orange
1 Tl Agavendicksaft
1 Prise Salz

Die Möhren waschen, schälen und in Scheiben schneiden. Die Zwiebel abziehen und fein würfeln. Die Margarine in einer Pfanne erhitzen und Zwiebel und Möhren darin anschwitzen. Salzen und pfeffern und mit dem Marsala ablöschen. Die Möhren in etwa 15 Minuten weich dünsten, die Mischung dann abkühlen lassen.

Inzwischen die Mango schälen und das Fruchtfleisch in kleine Würfel schneiden. Den Ingwer und die Kokosnuss dazugeben. Die Chilischote waschen, putzen und fein hacken. Je nach Geschmack die Limette oder die Orange abwaschen, trocknen und 1 Tl Schale abreiben. Jeweils ½ Limette und ½ Orange auspressen.

Die gehackte Chili, Limetten- und Orangensaft, die abgeriebene Fruchtschale, den Agavendicksaft und das Salz vermischen und unter die Mangowürfel mengen. Das Chutney vor dem Verzehr 1 Stunde im Kühlschrank durchziehen lassen.

Die abgekühlte Möhren-Zwiebel-Mischung pürieren und mit den Haferflocken und den restlichen Zutaten, bis auf die gemahlenen Haselnüsse, zu einem Teig vermengen. Aus dem Teig kleine Bratlinge formen und diese in den gemahlenen Haselnüssen wälzen. Die Möhrenplätzchen in einer geölten Grillschale auf den heißen Grill legen und 10–15 Minuten unter mehrmaligem Wenden grillen. Die Plätzchen mit dem Mango-Kokos-Chutney servieren.

Wenn du keine frische Kokosnuss bekommst, kannst du auch Kokosraspel aus der Tüte verwenden.

FÜR 4 PORTIONEN

300 ml Gemüsebrühe
175 g Polenta (Maisgrieß)
1 El frisch gehackte Petersilie
50 g veganer Reibekäse
Öl zum Bestreichen

POLENTAPLÄTZCHEN VOM GRILL

Die Gemüsebrühe und 250 ml Wasser in einem Topf aufkochen. Die Polenta einrühren und unter gelegentlichem Rühren bei schwacher Hitze etwa 10 Minuten quellen lassen. Den Topf vom Herd nehmen und die Petersilie sowie den Reibekäse einrühren.

Eine eckige Auflaufform einfetten und die Polenta hineingeben. Glatt streichen, etwas abkühlen lassen und für 2 Stunden in den Kühlschrank stellen.

Die feste Polentamasse in Quadrate, Rechtecke oder Rauten schneiden, mit Öl einpinseln und auf dem Rost grillen, bis die Kanten gebräunt sind.

GEMÜSETALER MIT GURKENSALAT

Die Kartoffeln und Möhren waschen, schälen und fein raspeln. Die Sojasprossen waschen, trocknen und hacken. Die Zwiebel abziehen und ebenfalls hacken. Das Weißbrot entrinden und fein zerbröseln. Weißbrot, Gemüse, Sojamehl und 1 El Wasser vermengen und mit Salz, Pfeffer, Curry und Dill würzen. Die Masse zu einer Rolle formen und diese in 1 cm dicke Scheiben schneiden. Die Scheiben in Semmelbröseln wenden. Die Taler in eine geölte Grillschale legen und auf dem heißen Grill etwa 10 Minuten grillen.

Für den Salat die Gurke waschen, trocken tupfen und die Enden abschneiden. Die Gurke in feine Würfel schneiden. Die Sesamsamen in einer Pfanne ohne Fett kurz anrösten. Die Knoblauchzehen schälen und fein hacken. Den Sojajoghurt mit Tahin, Zitronensaft, Olivenöl und Knoblauch verrühren. Mit Salz und Pfeffer abschmecken und mit den Gurken vermengen. Den Salat mit den gerösteten Sesamsamen bestreuen. Die Gemüsetaler mit dem Gurkensalat servieren.

FÜR 4 PORTIONEN

FÜR DIE GEMÜSETALER

100 g Kartoffeln
100 g Möhren
100 g Sojasprossen
1 kleine Zwiebel
3 Scheiben Weißbrot
½ El Sojamehl
Salz
Pfeffer
Currypulver
1 El gehackter Dill
Semmelbrösel zum Wälzen
Öl für die Grillschale

FÜR DEN GURKENSALAT

1 Salatgurke
1 El Sesamsamen
2 Knoblauchzehen
200 g Sojajoghurt, natur
½ El Tahin
2 El Zitronensaft
1 El Olivenöl
Salz
Pfeffer

GEGRILLTE HASELNUSSPOLENTA MIT NEKTARINEN

Die Gemüsebrühe mit der Butter in einem Topf aufkochen und unter schnellem Rühren mit einem Holzlöffel die Polenta einrieseln lassen. Bei geringer Hitze etwa 5 Minuten unter regelmäßigem Rühren aufquellen lassen. Die Haselnüsse und 2 El Olivenöl unterrühren. Die Masse etwa 1,5 cm dick auf ein Blech streichen und auskühlen lassen.

Die ausgekühlte Polenta in nicht zu kleine Rechtecke schneiden und mit dem übrigen Olivenöl bestreichen.

Den Grillrost leicht einölen. Die Nektarinen halbieren und den Stein entfernen. Polenta und Nektarinen auf dem Grill bei mittlerer Temperatur von jeder Seite etwa 4 Minuten grillen. Die Polenta vom Grill nehmen und mit etwas Pfeffer würzen. Mit den Nektarinen auf Tellern anrichten.

Serviere etwas Limetten-Chili-Mayo (Seite 11) zur Polenta. Einfach wunderbar! Für ein veganes Essen bereite die Mayo mit der veganen Variante von Seite 10 zu.

FÜR 4 PORTIONEN

600 ml klare Gemüsebrühe
40 g kalte Butter
150 g Instant-Polenta
60 g gemahle Haselnüsse
4 El Olivenöl
4 kleine Nektarinen
Pfeffer

AUSSERDEM

Öl für den Rost

SELBSTGEMACHTER VEGANER KRÄUTER-GRILLKÄSE

Den Sojadrink zusammen mit dem Salz in einem großen Topf zum Kochen bringen. Sobald der Drink kocht, den Zitronensaft unter Rühren hineingeben. Das Eiweiß flockt dann aus und setzt sich von der Molke ab. Noch 2–3 Minuten köcheln lassen, dann alles durch ein mit einem sauberen Geschirrtuch ausgelegtes Sieb gießen und die Masse gut abtropfen lassen. Das Tuch darüberschlagen und den Käse gut ausdrücken.

Die Kräuter waschen, trocken schütteln und fein hacken. Unter die Käsemasse rühren. Den Käse auf 4 Stück Frischhaltefolie verteilen, mithilfe der Folie zu gleichgroßen Blöcken formen und in die Folie einschlagen. In eine Form legen, mit einem Küchenbrett und Konservendosen beschweren und über Nacht in den Kühlschrank stellen.

Am nächsten Tag den Käse aus der Folie nehmen und dünn mit Olivenöl bestreichen. Auf der Grillplatte von jeder Seite 3–4 Minuten grillen.

FÜR 4 PORTIONEN

2 l ungesüßter Sojadrink
1 Tl Salz
Saft von 2 Zitronen
1 Bund Schnittlauch
½ Bund Dill
2 El Olivenöl

FÜR 4 PORTIONEN

6 El Olivenöl
2 El Balsamicoessig
2 Tl abgeriebene Schale von
   1 unbehandelten Zitrone
2 El Zitronensaft
2 Tl zerstoßene Korianderkörner
3 Knoblauchzehen
Salz
Pfeffer
1 Prise Zucker
250 g Grillkäse

BALSAMICO-GRILLKÄSE

Öl, Essig, Zitronenschale, Zitronensaft und Koriander in eine Schüssel geben und verrühren. Knoblauch abziehen und durch eine Presse dazugeben. Mit Salz, Pfeffer und Zucker abschmecken.

Den Grillkäse in Stücke schneiden und mit etwas Olivenöl bestreichen. Auf den Grillrost legen und so lange grillen, bis der Käse goldbraune Rillen bekommt. Den Käse anrichten und mit dem Dressing beträufeln.

GEGRILLTER ZIEGENKÄSE

Walnüsse mit dem braunen Zucker in einen tiefen Teller geben und gut mischen. Das Ei in einem zweiten Teller mit einer Gabel verquirlen.

Die Käsetaler zuerst durch das Ei ziehen, am Rand die überschüssige Flüssigkeit abstreifen, dann in der Walnuss-Zucker-Mischung wälzen.

8 Stücke Alufolie bereitlegen. Jeweils einen Käsetaler auf ein Stück Alufolie legen und die Folie zusammenfalten. Den Ziegenkäse 5 Minuten auf den heißen Grill legen.

FÜR 4 PORTIONEN

80 g gehackte Walnüsse
70 g brauner Zucker
1 Ei
8 Ziegenkäsetaler

FONDUE AM SPIESS

Käse und Toastbrot entrinden und in 2 cm große Würfel schneiden. Cornichons quer halbieren. Brot und Käse abwechselnd auf Spieße stecken, vorne und hinten 1 Stück Cornichon aufspießen.

Die Spieße über die heiße Grillglut halten und drehen, bis der Käse zu schmelzen beginnt. Sofort auf einen Teller abstreifen und mit Pfeffer bestreuen.

FÜR 4 PORTIONEN

250 g Raclettekäse
4 Scheiben altbackenes Toastbrot
4 Cornichons
Pfeffer

AUSSERDEM

8 Holzspieße

FÜR 4 PORTIONEN

600 g Halloumi
3 Knoblauchzehen
6 El Olivenöl
1 Tl gerebelter Thymian
1 Tl gerebelter Rosmarin
1 Tl gerebelter Oregano

MEDITERRANER HALLOUMI

Den Halloumi in Scheiben aufschneiden und in eine flache Auflaufform legen. Knoblauch abziehen und durch eine Presse drücken. Knoblauch, Öl und Gewürze vermengen und über den Halloumi gießen. Den Käse mindestens 3 Stunden durchziehen lassen.

Aus der Marinade nehmen, abtropfen lassen und in eine Grillschale legen. Den Halloumi 10–15 Minuten unter Wenden grillen.

FÜR 4 PORTIONEN

1 Bund Minze
1 El Zucker
60 g Mandeln
1 El frisch gepresster Zitronensaft
2 El Olivenöl
1 El Blütenhonig
½ kleine rote Wassermelone
½ kleine gelbe Wassermelone

GEGRILLTE WASSER-MELONE MIT SÜSSEM MINZPESTO

Für das süße Pesto die Minzblätter von den Stielen zupfen. Zucker in 3 El kochendem Wasser auflösen und kalt stellen. Mandeln hacken und in einer Pfanne ohne Fett rösten. Minzblätter mit den gerösteten Mandeln, Zitronensaft, Olivenöl, Blütenhonig und Zuckersirup in einen hohen Mixbecher geben. Mit dem Pürierstab alles zu einem glatten Pesto verarbeiten.

Die Wassermelonen in etwa 2 cm dicke Stücke schneiden und auf dem heißen Grill von jeder Seite 2–3 Minuten grillen. Mit dem Minzpesto servieren.

ZIEGENKÄSE MIT PORTWEINFEIGEN, HONIG UND THYMIAN

Die Feigen vierteln und auf jeweils einem Stück leicht geölter Alufolie von ca. 20 x 20 cm verteilen. Mit dem Portwein marinieren. Die Ziegenfrischkäsetaler auf die Feigen legen und mit Honig und Olivenöl beträufeln.

Haselnüsse grob hacken und über den Käse streuen. Jeweils mit einem Thymianzweig belegen. Den grünen Pfeffer fein hacken und darüberstreuen.

Die Alufolie zu einem Päckchen zusammenfalten. Auf den Grill legen und etwa 6 Minuten garen.

Zum warmen, verlaufenen Käse passt ein Stück frisches Baguette, das kurz auf dem Grill angeröstet wird.

FÜR 4 PORTIONEN
8 kleine Feigen
4 El Portwein
8 Ziegenfrischkäsetaler
4 El Blütenhonig
4 El Olivenöl
10 Haselnüsse
8 Thymianzweige
½ Tl frische grüne Pfefferkörner

GEGRILLTE PFIRSICHE MIT HIMBEERSAUCE

FÜR 4 PORTIONEN

6 möglichst kleine Pfirsiche
4 El Balsamicoessig
2 Tl brauner Zucker
250 g Himbeeren
2 El Granatapfelsirup
½ Tl Ingwerpulver
2 El Amaretto

Die Pfirsiche halbieren und den Stein entfernen. Den Balsamico-essig mit dem braunen Zucker verrühren, bis sich der Zucker aufgelöst hat, und die Pfirsiche damit etwa 30 Minuten marinieren.

Himbeeren mit Granatapfelsirup, Ingwerpulver und Amaretto in ein hohes Gefäß geben und mit dem Mixstab fein pürieren. Die Himbeersauce durch ein feines Sieb streichen und beiseitestellen.

Die Pfirsiche aus der Balsamicomarinade nehmen. Die übrige Marinade aufheben. Die Pfirsiche auf einem eingeölten Grill-rost bei mittlerer Temperatur grillen, bis sie leicht Farbe annehmen. Dabei immer wieder mit der Marinade bestreichen. Die gegrillten Pfirsiche mit der Himbeersauce servieren.

FÜR 4 PORTIONEN

20 g Mehl
20 g gemahlene Mandeln
20 g gemahlene Haselnüsse
60 g Knuspermüsli
50 g Butter
200 g Himbeeren
200 g Erdbeeren
100 g Blaubeeren
100 g Brombeeren
einige Minzblätter

IM PERGAMENT GEGRILLTES BEERENCRUMBLE

Den Backofen auf 180 °C vorheizen. Mehl, Mandeln, Haselnüsse und Knuspermüsli in eine Schüssel geben und mit 30 g Butter vermengen. Die Masse auf einem mit Backpapier ausgelegten Backblech verteilen und für 10 Minuten in den Ofen geben. Aus dem Ofen nehmen und auskühlen lassen. In der Zwischenzeit die geputzten Beeren auf vier Bögen Backpapier verteilen und die übrige Butter flöckchenweise darauf verteilen. Den ausgekühlten Crumbleteig darüberstreuen. Das Papier gut verschließen. Den Grillrost mit Alufolie auskleiden und die Päckchen für 10 Minuten auf den heißen Grill setzen und garen.

Die Päckchen dann vom Grill nehmen und auf Teller setzen. Das Papier am Tisch öffnen – so kommt jeder in den Genuss des ausströmenden Beerendufts – und mit den Minzblättern garnieren.

KOKOS-WALNUSS-ÄPFEL VOM GRILL

Die Kokosraspel mit den Walnüssen in einer Pfanne ohne Fett goldgelb rösten. Etwas abkühlen lassen und mit der Aprikosenkonfitüre und etwas Zimt verrühren.

Die Äpfel waschen und trocken tupfen. Das Kerngehäuse mit einem Apfelausstecher entfernen und die Kokos-Walnuss-Mischung ins Apfelinnere füllen.

Jeden Apfel in ein ausreichend großes Stück gefettete Alufolie wickeln und auf dem heißen Grill in 30–40 Minuten weich grillen.

FÜR 4 PORTIONEN
100 g Kokosraspel
2 El gehackte Walnüsse
4 El Aprikosenkonfitüre
1 Prise gemahlener Zimt
4 Äpfel
vegane Margarine für die Alufolie

GEGRILLTE ANANASRINGE MIT BLITZSORBET

FÜR 4 PORTIONEN

1 reife Ananas
Salz
1 El Butter
1 El Honig
1 El Kokosflocken
300 g Himbeeren oder Erdbeeren
    (TK) oder gemischt
30 g Puderzucker
1 Tl Limettensaft
1 El Cointreau

Die Ananas schälen und dabei auch die holzigen Augen herausschneiden. Die Ananas in etwa 1,5 cm dicke Scheiben schneiden und mit einem Ausstecher den Strunk entfernen. Die Scheiben leicht mit etwas Salz bestreuen.

Die Butter in einen Topf geben und auf dem Grill oder dem Herd schmelzen. Honig und Kokosflocken zugeben und alles kurz aufkochen. Die Ananasscheiben auf dem Grill bei mittlerer Temperatur von jeder Seite 4–5 Minuten grillen.

In der Zwischenzeit die tiefgefrorenen Beeren in ein hohes Gefäß füllen. Puderzucker, Limettensaft und Cointreau zugeben. Mit dem Stabmixer zu einem glatten Sorbet mixen. Bis zur Verwendung in das Tiefkühlfach stellen.

Die heißen Ananasscheiben mit der Butter-Honig-Kokos-Marinade bestreichen. Mit dem Blitzsorbet auf Tellern anrichten und sofort servieren.

GEGRILLTE APRIKOSEN-SPIESSE MIT MANGO UND ROSMARIN

Mango schälen und dünne Streifen herunterschneiden. Apriko-sen halbieren, entkernen und die Aprikosenhälften nochmals halbieren. Aprikosenstücke mit den Mangostreifen umwickeln und auf die Rosmarinspieße stecken.

Den Saft der Limette auspressen und mit Kardamom verrühren. Die Aprikosenspieße auf dem heißen Grill etwa 4 Minuten garen, nach 2 Minuten wenden. Die fertig gegrillten Spieße mit dem Kardamom-Limetten-Saft marinieren.

FÜR 4 PORTIONEN

500 g frische Feigen
Amaretto zum Beträufeln
40 g vegane Margarine

AUSSERDEM

aufgeschlagene Sojasahne
zum Servieren

FEIGEN MIT MANDELLIKÖR

Die Feigen waschen und trocken tupfen. Die Haut an der Oberseite etwa bis zur Mitte der Früchte kreuzweise einritzen und leicht nach außen biegen. Die Früchte mit etwas Amaretto beträufeln und etwa 30 Minuten ziehen lassen.

Die Margarine zerlassen. Für jede Feige ein Stück Alufolie zuschneiden, in der Mitte mit Margarine bestreichen und die Feigen darauflegen. Die Folie nur locker um die Feigen schlagen und oben zufalzen.

Die Feigen auf dem Rost über mäßig heißer Glut etwa 10 Minuten grillen. Mit geschlagener Soja-Schlagcreme servieren.

GEGRILLTE MARZIPAN-BANANE

Das Marzipan in Würfel schneiden. Die ungeschälten Bananen auf der Innenseite mit einem Messer längs aufschlitzen und in das Fruchtfleisch Taschen schneiden. In diese Taschen jeweils etwas Vanillezucker streuen, einige Marzipanstückchen legen und etwas Amaretto träufeln.

Die Bananen in Alufolie wickeln, auf den Grill legen und 10–15 Minuten grillen. Wenn die Schalen schwarz werden, sind die Marzipanbananen fertig.

Man kann die Bananen auch gut in der Restglut backen.

FÜR 4 PORTIONEN
75 g Marzipanrohmasse
4 Bananen
½ P. Vanillezucker
2 Tl Amaretto

GEGRILLTE MARSH-MALLOWS AUF BUTTER-KEKSEN MIT SCHOKOLADE

FÜR 4 PORTIONEN

200 g Mehl
1 Prise Salz
120 g kalte Butter
90 g Puderzucker
4 Eigelb
½ Vanilleschote
100 g dunkle Kuvertüre
16 Marshmallows
Mehl für die Arbeitsfläche

Das Mehl mit dem Salz in eine Schüssel geben. Die Butter in kleine Stückchen schneiden und alles zusammen zu einem bröseligen Teig verkneten. Den gesiebten Puderzucker untermengen, drei Eigelbe und das ausgekratzte Mark der Vanilleschote zugeben. Alles zügig zu einem kompakten, glatten Teig verarbeiten. Den Teig in ein Stück Klarsichtfolie wickeln und für 20 Minuten im Kühlschrank ruhen lassen.

Den Backofen auf 180 °C vorheizen. Den Teig auf einer bemehlten Arbeitsfläche flach drücken und etwa 0,5 cm dick ausrollen. Das geht besonders gut, wenn der Teig mit etwas Klarsichtfolie bedeckt ist. Aus dem Teig rechteckige Kekse ausstechen und auf einem mit Backpapier ausgelegten Backblech verteilen.

Das übrige Eigelb mit 1 El Wasser verrühren und die Kekse damit dünn bestreichen. Das Eigelb etwas antrocknen lassen und eine zweite Schicht darüberstreichen. Die Kekse in den vorgeheizten Backofen geben und 10–12 Minuten goldbraun backen. Aus dem Ofen nehmen und auskühlen lassen.

In der Zwischenzeit die Kuvertüre sehr fein hacken. Acht Stücke Aluminiumfolie (20 x 20 cm) ausbreiten. Jeweils einen Keks darauflegen und mit etwas Schokolade bestreuen. Jeweils zwei Marshmallows auf die Schokolade setzen und mit einem weiteren Keks bedecken. Die Alufolie um die Kekse schlagen und gut zusammenfalten. Die Päckchen dann für 3 Minuten auf den Grill legen und diesen, wenn möglich, mit dem Deckel schließen.

Ein Päckchen von Grill nehmen und prüfen, ob die Marshmallows schon leicht geschmolzen sind. Alle Päckchen vom Grill nehmen und sofort genießen.

FÜR 6 PORTIONEN

100 g vegane Margarine
2 Pk. veganer Blätterteig
   (FP, aus dem Kühlregal)
6 reife Aprikosen
½ Zitrone (Saft)
3 El brauner Zucker
Öl für die Grillschale

SCHNELLE APRIKOSENTARTES

Die Margarine zerlassen und einen der beiden Blätterteige damit bestreichen. Den zweiten Blätterteig darauflegen und den Teig in 6 Quadrate schneiden.

Die Aprikosen waschen, halbieren und die Steine entfernen. Die Hälften auf den Teigquadraten verteilen, mit Zitronensaft beträufeln und mit Zucker bestreuen.

Den Teig an den Rändern etwas hochziehen und nach innen falten, sodass ein etwas dickerer Rand entsteht. Die Tartes in eine geölte Grillschale legen und im geschlossenen Kugelgrill etwa 20 Minuten backen.

OBST-CALZONE
MIT NUGATSAUCE

Für die Sauce Nugat, Schokolade und Nüsse grob hacken und zusammen mit der Sojasahne in eine Alu-Tropfschale geben. Am Rand des Grills langsam schmelzen lassen und alles gut verrühren.

Für die Calzone die Banane schälen und in Scheiben schneiden. Die Erdbeeren waschen, putzen und in Scheiben schneiden. Den Apfel waschen, schälen, das Kerngehäuse entfernen und das Fruchtfleisch würfeln.

Den Pizzateig vierteln und mit dem Vanillezucker bestreuen. Das Obst in der Mitte von den Teigstücken verteilen. Den Teig zusammenklappen und die Ränder gut festdrücken.

Den Pizzastein im Grill bei indirekter Hitze ca. 15 Minuten vorheizen. Die Calzone auf den Pizzastein legen und von beiden Seiten je 2–3 Minuten goldbraun grillen. Die fertig gebackene Calzone vom Pizzastein nehmen und mit der Nugatsauce servieren.

Du kannst die Calzone auch mit Blätterteig zubereiten und bei indirekter Hitze im Kugelgrill backen.

FÜR 4 PORTIONEN

FÜR DIE NUGATSAUCE

25 g veganer Nugat
50 g vegane weiße Schokolade
10 g Haselnüsse
50 ml Sojasahne

FÜR DIE CALZONE

1 Banane
100 g Erdbeeren
½ Apfel
1 Pk. Pizzateig (FP, aus dem Kühlregal)
½ P. Vanillezucker

REZEPTE